KB153182

2022
수능만점 이순신

2022
수능만점
이순신

**대학 입시 성적 급상승의 비밀,
대입 완성을 위한 핵심 특강**

오대교 지음

아이콤마

대입 성공의 핵심은 '수능'에 있다

매년 150여 회 전국투어 강연회를 진행하면서 학생들과 학부모님들에게 가장 많이 듣는 질문은 '명문대에 합격한 학생들은 시기별로 어떤 준비를 했느냐?'라는 질문이다.

목표하는 대학에 맞춰 준비하려고 하지만 고1, 고2 내신 성적이 불리하고, 대학의 수능 최저 요건에도 미달하지 않을까 불안한 마음이 크기 때문에 드는 고민이라 볼 수 있다.

"대학입시에서 불리한 내신을 극복하고, 성공에 이를 수 있는 유일한 길은 수능이다."

해마다 대학교 입시 결과가 마무리되는 2월에 입시를 끝낸 학부모님을 대상으로 설문조사를 한다. 만약 자녀가 다시 고등학생 시절로 돌아간다면 어떤 준비를 시키시겠느냐는 내용이다. 그 답은 아마 이 책을 읽는 과정에서 자연스럽게 알게 될 것이다. 그동안 해를 거듭해서 올해로 20년 차가 되다 보니 300여 분의 데이터를 모을 수 있었다. 자료의 양이 늘어난 만큼 질적인 부분에서도 차별적인 전략으로 발전해가고 있다. 대학 입시가 복잡해 보이지만 참 다행스럽게도 교육부에서 2019년 11월에 발표한 자료를 바탕으로 하면 2021년 현재 고3부터 중학교 1학년까지 입시의 큰 방향은 고정되어 있다.

수능의 시대, 단군 이래 최대의 기회가 온다

2021년 올해부터 정시 모집 인원이 40%대로 확대된다. 결국, 수능시험의 중요성이 더욱더 커졌다는 사실을 쉽게 이해할 수 있다. 또 하나의 이슈는 2021년 6월 교육부에서 발표한 '학력 격차 최대' 현상이다. 학력 격차는 '성적 계층 이동'의 기회를 가져온다. 수험생들에게 성적을 뒤집을 수 있는 절호의 찬스가 온 것이다.

코로나19로 대학입시에도 다양한 변화들이 만들어졌다. 나는 지난 수능시험이 있었던 2020년 12월 3일 YTN 뉴스 생방송

'2021 수능 분석과 대입전략'에 출연해 다음과 같이 이야기한 바 있다.

> "수능시험 1교시 결시 인원 13.17%, 사상 최대의 결시 인원이 발생하면서 수시 전형에서 수능 최저 요건에 미달하는 수험생들이 양산됐다. 이를 어떻게 이해해야 할까? 100명이 수능시험에 응시를 했을 때 1등급에 해당하는 4명과 2등급에 해당하는 7명, 총 11명이 만들어진다. 그런데 13.17%가 수능시험을 응시하지 않았다는 것은 전체 인원이 87명으로 줄어들었다는 것이고, 결국 1등급과 2등급을 받는 인원도 줄었다는 의미다."

이러한 변화는 수시 모집에서 수능 최저 요건 충족 여부에 큰 변화를 만들었다. 고등학교 1, 2, 3학년 때 생활기록부 내용에 대한 준비를 다하고 내신 시험 준비를 철저히 해서 수시 1차 합격을 했다고 치자. 하지만 수험생 대부분이 목표하고 있는 서울에 있는 상위권 대학의 최종 합격 여부는 결국 수능 최저 요건 충족 여하에 따라 결정된다. 수능시험을 단순하게 고3 때부터 준비하는 것이 아니라 고1 때부터 매년 4회에 걸쳐 진행되는 모의고사 일정에 맞춰서 꾸준히 준비해야 하는 이유다.

2021년부터 정시모집이 40%로 늘어난 만큼 불리한 내신을 갖고 있는 수험생들에게도 수능시험으로 상위권 대학에 진학할 수 있는 기회의 문이 확대되었다는 점도 주목해야 한다. '수능의 시대'가 열린 것이다. 내신 성적을 비롯해 다양한 준비를 해야 하는 수시 전형과는 달리 정시 전형은 단 하루 동안 시험을 치른 후 얻게 되는 수능 성적이 곧 대입 결과로 이어진다.

그렇다면 정시에만 수능이 중요할까? 절대 그렇지 않다. 수시 전형에서도 수능시험은 전략적으로 매우 중요하다. 수시 전형의 경우 1차에서 대부분 4배수로 선발한다. 수능 성적이 잘 나오게 된다면 수시 전형에서도 속칭 '우주 상향' 지원 전략이 가능하다. 서울 소재 주요 대학들의 경우 해마다 5~7%의 지원자가 수능 최저 요건을 충족하지 못해 탈락한다는 사실에 주목한다면, 수시 전형과 정시 전형을 가릴 것 없이 대입 성공의 핵심은 수능시험에 있다는 사실을 이해할 수 있을 것이다.

결론은 '30일 1개 등급 향상' 공부법이다!

수능시험에서 1개 등급을 결정하는 점수는 10점이 채 되지

---

* 우주까지 치솟을 정도의 상향 지원. 자신의 성적에 비해 과도하게 높은 대학이나 학과에 지원하는 것을 말함.

않는다. 한 문제의 배점이 2~4점인 것을 감안하면 고작 3~4문제가 등급과 대학을 가르는 것이다. 수능시험은 지식의 절대량을 평가하는 것이 아니라 사고력을 바탕으로 한 자료 분석 능력을 평가하는 시험이다. 교과개념을 바탕으로 난도가 쉬운 문제부터 공략해야 하는 이유가 바로 여기에 있다. 기출문제 학습을 바탕으로 반복 출제되는 개념을 학습하고, 그 한 가지 유형만 집중적으로 공부한다면 누구라도 1문제를 더 맞힐 수 있다. 그렇게 4주, 즉 30일 동안 들인 노력으로도 3~4문제를 더 맞힐 수 있고 그 결과 1개 등급이 향상된다. 올바른 공부 방법과 수험생의 효과적인 노력이 더해진다면 성적 급상승의 기적은 누구에게나 일어날 것이라 확신한다.

모든 수험생의 건승을 기원하며,
2021년 8월 오대교수능연구소 연구실에서
오대교

차례

3장 성적 향상 공부 방법
'12주 완성'

4장 구체적인 시기별, 등급별
'공부 플랜'

5장 올해 예상되는 문제 유형과 방향

2022 수능만점 이순신

1장

2022학년도 대입 성공의 마스터키는 이것이다

수능,
정말 중요한가?

매년 150여 회 전국투어 강연회를 진행하면서 현장에서 만나는 학부모님들께 드리는 질문이 있다.

"대입이 우리 자녀 인생 몇 년을 결정할까요?"

매번 같은 질문임에도 학생들과 학부모님의 생각에는 온도 차이가 존재한다. 하지만 10대 때 준비하는 대학입시 결과가 20대와 30대, 아무리 적게 잡아도 20년의 인생을 결정하는 중요한 요인이 된다는 점에는 대부분 공감한다. 그렇다면 지금 당장 해야 할 일은 무엇일까? 앞으로 인생의 20년을 결정할 수 있는 중요한 터닝포인트인 입시를 올바르고 효율적으로 준비하고 있는지부터 점검해봐야 한다.

대학을 가는 방법은 여러 가지가 있지만, 크게 고등학교 내신 성적과 생활기록부 내용을 바탕으로 준비하는 '수시 전형' 그리고 수능시험 성적이 곧 대입의 결과와 연결되는 '정시 전형' 이렇게 두 가지로 구분해볼 수 있다. 주목할만한 점은 2021년부터 정시 전형 인원이 40%대로 대폭 확대됨에 따라 불리한 내신 성적과 부족한 생활기록부를 갖고 있었던 학생들에게도 수능시험으로 상위권 대학에 진학할 수 있는 가능성이 확대 되었다는 사실이다.

물론 수시 전형을 준비하는 학생들에게도 수능시험은 중요하다. 모든 수험생들이 목표하는 상위권 대학에는 수능 최저 요건 충족이라는 장치가 있기 때문이다. 해마다 수능 최저 요건 때문에 1차 합격 후 최종합격 단계에서 5~7% 인원이 탈락하는 현 상황에 주목할 필요가 있다. 수능시험이 정시 전형뿐만 아니라 수시 전형에서도 합격 여부를 가르는 너무나 중요한 요인이 된다는 사실을 깨달을 수 있을 것이다.

교육부에서 2019년 11월에 발표한 〈대입 공정성 강화방안〉 내용을 기준으로 하면 2021년 기준 현 고3부터 중1까지 앞으로 6년의 방향은 결정되었다. 그 중심에 수능시험이 있다. 대학입시에서 수능시험이 차지하는 비중이 늘어났다는 점과 수능시험 준비가 내신 시험 준비와 방향을 같이하며 공부 방법도 비슷하다는 점에 주목해야 한다. 고1, 고2 학생들도 연간 4회에 걸쳐 응시하는 전국연합학력평가(모의고사)를 충실히 준비해야 한다는 점을 기억하자.

수능은 시험을 준비하는 수험생 입장에서도 중요하다. '우리 인생의 절반은 내 주위 사람들의 것이 아닐까?'라는 물음을 떠올려보자. 현재 나의 마음가짐을 다시 생각하게 된다. 가까운 친구들이 있다고 생각해보자. 진심으로 내가 잘되길 바라는 마음을 가진 친구들이다. 내가 노력해서 목표하는 결과를 만들어내면 진심으로 축하의 박수를 보내줄 수 있는 친구들. 그런데 내 나태함으로 현재 주어진 시간을 의미 없이 보내서 목표하는 방향과는 다른 결과로, 혹은 노력하는 모습 자체를 보이지 못했다면 어떨까? 나를 응원해주는 사람들에게 미안한 마음이 들 것이다.

스스로 노력을 기울여 만들어낸 결과가 비단 나만의 문제로만 끝나지 않을 수도 있다는 점이다. 나로 인해 내 주위의 많은 사람에게 기쁨과 희망을 줄 수도 있지만, 반대로 안타까움을 줄 수도 있다. 그 시기가 바로 대입을 준비하는 현재 이 시간이다.

새로운 변화를 만들고자 노력하는 오늘의 가치는 훗날 되돌아 보면 지금 내가 생각하는 것보다 훨씬 더 크고 중요하다. 수능시험을 현장에서 10회 응시하면서 '지금 알고 있는 것들을 고3 때 알았더라면 정말 좋았을 것'이란 아쉬움이 남았다. 우리 인생에서 수능시험이 가져다주는 큰 가치는 목표를 달성했을 경우의 성취감도 있겠지만, 무엇인가 치열하게 노력하는 과정에서 배우게 되는 인생에 대한 경험, 그 소중함이 더 크다.

똑같은 노력을 반복하는 것으로는 결코 성장하지 못한다. 내가 알고 있으면서도 실천하지 못했던 것들을 개선하려는 노력을 통해서만 성장할 수 있다. 누군가가 성공에 이르게 된 이유는 다양하다. 그런데 반대로 실패한 이유는 제각각이면서도 놀랍도록 닮아 있다. 바로 여기서 답을 알 수 있다. 작은 실천을 통해서 목표하는 결과를 하나씩 만들어간다는 생각으로 수험생활을 보내보자. 아마 평생을 살면서 가장 의미 있는 한 해를 보냈다고 생각하게 될 것이다. 인생을 채우는 삶의 근육은 내게 주어진 오늘을 충실히 준비해가는 과정에서 만들어진다. 수능은 단지 수능으로만 끝나지 않는다.

2022학년도 수능
전망과 분석

해마다 수능시험을 출제하는 기관인 한국교육과정평가원에서는 수능시험 출제 방향을 담은 보도 자료를 발표한다. 올해도 4월에 발표된 이 자료를 바탕으로 하면 2021년부터 수능시험이 문·이과 통합형으로 바뀌었고, 국어와 수학영역에서 선택과목을 고를 수 있게 되었다. 대단한 변화인 것 같지만 실제로는 영역별 시험 범위와 유형에서 퍼즐 조각처럼 재편집이 되었다는 특징만 있을 뿐 고등학교 교과 과정 내에서 출제된다는 사실에는 변경이 없다. 따라서 기출문제가 중심이 된다는 원칙에는 변함이 없다.

수능시험을 출제하는 기관에서는 이러한 수능시험 변화에 따른 수험생과 학부모님의 궁금증을 해결한다는 목적으로 2020년 5월에 '2022학년도 수능시험 예시 문항 자료'를 공개했다. 이 자료를 보면 국어 선택형 '화법과 작문', '언어와 매체'의 문제 유형을 확인할 수 있는데, 수험생들이 기억해야 할 부분은 언어와 매체 과목의 경우 2021년 처음으로 시행된다는 점이다. 즉, 과거에 출제되었던 기출문제가 없다. 따라서 기출문제 풀이 학습에 어려움이 있다는 점을 기억해야 한다.

물론, 출제 본부에서 EBS 연계교재인 수능특강과 수능완성 교재에서 올해 수능시험을 50% 연계 출제한다고 밝힌 바 있지만, 수험생들에게 가장 중요한 자료인 기출문제가 없다는 것은 선택과목 판단 기준에 영향을 줄 수 있는 부분이 된다.

2021년 6월 2일 시행된 한국교육과정평가원 대학수학능력시험 모의평가(이하 '모의평가'로 통칭)에서 확인할 수 있었던 것처럼, 올해부터 변경된 선택형 수능시험의 본래 취지에 맞지 않게 과목에 따른 유리함과 불리함이 실제로 존재하였다. 하지만 9월에 진행될 모의평가를 바탕으로 해마다 수능시험에서 난이도 조정을 했던 출제 기관의 특징을 생각한다면, 과목 선택에 따른 유리함과 불리함을 고민하는 방향이 아닌 자신의 현재 성취도에서 고득점이 가능한 과목을 우선적으로 선택하는 방향이 맞다.

과목 선택에 있어서 유리함과 불리함을 확인하는 가장 객관적인 방법은 6월 모의평가 문제를 시험 시간에 맞춰서 풀어보는 것이다. 예를 들어 현재 국어영역에서 선택과목을 고민하는 경우다. 화법과 작문, 언어와 매체 모두를 풀어 본 후 현재 성취도가 높게 나오는 과목을 선택하고 앞으로 남은 기간을 활용해 수능시험을 준비하는 방향이 가장 옳다. 6월 모의평가만을 기준으로 올해 수능시험의 방향 전체를 확정할 수 없기 때문이다. 또한, 이렇게 7월과 8월을 활용해서 선택과목 결정이 가능한 이유는 수능시험 원서 접수를 8월에 진행하기 때문이다.

수학영역 선택과목에서도 올해부터 바뀐 특징에 따라 반드시 확인할 사항이 있다. 바로 지원하고자 목표하는 대학, 학과별 선택과목 반영 기준이 그것이다. 서울에 있는 상위권 대학, 이과계열 학과의 경우 수학영역에서 미적분, 기하 과목을 선택으로 지정하고 있다. 따라서 목표 학과에서 반영하는 과목에 맞춰서 수능시험을 준비해야 한다.

수능 출제 본부에서 올해도 밝힌 바와 같이 올해 수능시험도 6월과 9월 모의평가를 바탕으로 출제된다. 과거를 바탕으로 미래를 준비할 수 있다는 사실을 기억하고, 2022학년도 수능시험 예시 문항 자료 공부와 EBS 수능특강, 수능완성 교재 50% 연계 출제의 원칙을 기억하는 것이 올해 수능시험에서 목표하는 결과를 만들어 낼 수 있는 시작점이 될 것이다.

지금부터 시작해도
가능하다!

해마다 모의고사가 끝나면 학생들이 꼭 질문하는 내용이 있다.

"지금 모의고사 성적이 수능까지 가는 게 아닌가요?"

흔히들 '고3 3월 모의고사 성적이 곧 수능 성적이다'라고 생각하지만, 절대 그렇지 않다. 이 잘못된 생각은 모든 수험생이 주어진 동일한 기간 동안 비슷한 노력만 기울이게 되는 배경으로 작용한다. 바로 지금이 시작하기 가장 좋은 시점인 이유를 평범한 수험생의 특징 세 가지로 나누어 설명하겠다.

⚙️ 특징1 : 시점을 기준으로 다르게 생각하지 않는다

    시점의 차이에 따른 공부 질의 차이를 이해하지 못한다. 기출문제 풀이 학습이 많이 진행되지 않은 시점에서 치러진 3월 모의고사와 일정량의 학습이 누적된 상태에서 치르는 6월과 9월 모의평가는 비슷한 시험 범위임에도 성취도면에서 큰 차이를 보인다. 수능시험 직전인 10월 모의고사와 비교해보면 차이는 더 극명해진다. 3월까지는 개념 중심으로 공부했다면, 10월은 내신 시험과 수많은 모의고사를 응시했던 경험이 더해지고 EBS 수능특강, 수능완성 연계교재까지 다양한 문제 풀이 과정을 거쳐온 시점이라는 차이가 존재한다.

    따라서 3월에 보내는 30일과 10월에서 보내는 30일은 똑같은 30일이지만 질적인 차이가 존재한다. 모든 시험은 막판이 가장 중요하다는 말이 왜 나왔겠는가? 성적은 누적된 공부의 절대량으로 만들어진다는 특징이 있다. 이 점을 이해하면 수능 직전인 시점에도 기적과 같은 성적 향상의 꿈을 이룰 수 있다는 말을 이제는 단순한 미사여구가 아닌 사실로 믿게 될 것이다.

⚙️ 특징2: 고3 학생들이 걱정하는 부분에 더해
매년 재수생 강세를 말한다

항상 평범한 전략으로 승부하고 사건의 이면을 보지 못하며 결과를 지레짐작한다. 코로나19로 올해 N수생의 강세가 예상된다. 재수생이 대거 등장하게 되면 고3 재학생들이 불리해지는 거 아니냐며 걱정하는 수험생들의 심정을 충분히 이해할 수 있다. 하지만 지난 20년 동안 현장에서 지켜본 결과는 재수생이라고 무조건 다 공부를 잘하고 무조건 다 열심히 준비하지는 않는다는 사실이다.

본질은 N수생의 합세로 오히려 수능시험 응시 인원이 증가하게 된다는 점에 있다. 전체 모집단이 늘어날수록 내가 높은 등급을 받기는 더 쉬워진다. 등급제인 수능시험의 특징을 생각해보면 현재 나의 위치가 가장 중요하기 때문이다.

수능시험은 출제 범위가 정해져 있다. 과거에 출제되었던 기출문제의 문항 개수도 정확하게 정해져 있다. 그러므로 일일 단위로 스스로 해결할 수 있고 공부할 수 있는 문항의 개수만 정확하게 파악할 수 있다면, 일일 목표 진도를 계획하고 이에 맞게 공부할 수 있는 시험이다. 즉, 단순히 기간의 많고 적음이 중요한 것이 아니라 자신이 노력해서 해결할 수 있는 문항의 일일

분량이 얼마인지가 중요하다. 여기에 초점을 맞추고 대비해야
한다.

특징3: 반복 출제되는 문항만 80%에 이른다는 사실을 간과한다

노력은 한다. 다만 노력만 한다. 무엇이 더 효율적인 노력인지
알지 못한다. 첫째, 수학, 사회, 과학탐구처럼 출제 주제가 정해
져 있는 과목의 경우 매년 반복 출제되는 문제 유형이 대략 80%
나 된다. 이 문제들만 모두 맞혀도 전 과목 2등급에 해당하는 성
적을 만들어 낼 수 있다. 둘째, EBS에서 무료로 제공하는 채점
서비스를 활용해 정답률이 높은, 다시 말해 난도가 낮은 문항
중 현재 자신이 틀린 문항을 확인하고 해당 주제를 우선적으로
공부해야 한다.

수능시험에서 모든 과목은 3~4문제만 더 맞히면 1개 등급이
오른다. 이렇게 현재 자신이 취약한 부분을 찾고, 난도가 쉬운
부분에 공부를 집중하는 노력을 하면 30일이라는 짧은 기간이
라도 반드시 성적을 올릴 수 있다. 올해 수능 공부를 시작하기
에 늦은 때란 올해 수능시험이 끝났을 때뿐이다.

단기간 합격!
비법은 이것이다

대학입시를 준비하는 학생들과 학부모님들은 두 가지를 모르고 있다.

"수능시험에 어떤 문제가 출제되는지와 시기별로 어떻게 준비해야 하는지."

문제가 유출되지 않는 한 어떤 문제가 출제되는지 어떻게 아느냐고 반문할 수 있겠다. 하지만 보자, 수능시험을 출제하는 기관인 한국교육과정평가원에서는 매년 보도 자료의 형태로 올해 6월과 9월 모의평가 출제 방향을 안내하고 있다. 이뿐이 아니다. 시험이 끝난 직후 출제과정을 포함한 영역별 성적 분포 자료까지 공개한다. 즉, 수능시험에 앞서 진행하는 모의평가의 출제과정과 공부하는 방법까지도 친절하게 안내하고 있는 것이다. 여기에 더해 올해도 EBS 수능연계교재에서 50% 연계 출제한다는 내용을 발표했다.

◎ 그런데, 왜 수능 1등급을 못 받을까?

'방법을 모르고', '실천을 하지 않아서'다. 막연한 노력은 막연한 결과만을 가져올 뿐이다. 수능시험은 수능 출제 기관에서 만든 기출문제로 준비해야 한다고 강조하는 이유가 바로 그것이다. 수능시험을 준비함에 있어서 과거에 출제된 기출문제보다 더 좋은 자료는 있을 수 없다. 실제로 해마다 6월과 9월 모의평가 자료를 바탕으로 수능시험의 난이도와 유형을 조율하고 있는 출제 본부의 출제 방향을 이해하면 이 명제는 더욱 명확해진다.

앞서 해마다 대입을 끝낸 학생들과 학부모님들께 다시 고등학생 시절로 돌아간다면 어떤 준비를 하겠느냐고 질문한다고 했다. 그 대답은 앞으로 대입을 준비하는 수험생들과 학부모님들에게 좋은 입시정보가 될 수 있기 때문이다.

답변을 분석한 결과 입시에서 성공과 실패의 그 시작점은 고등학교 3년을 생각하는 의미와 가치의 차이에서 확인할 수 있었다. 그때그때 상황에 맞춰 막연하게 지나갈 3년인가? 평생을 결정하는 중요한 시기로의 3년인가? 최종 결과는 결국 모두에게 공평하게 주어진 시기를 어떻게 인식하느냐의 차이에서 출발한다. 입시에 성공한 학생들은 연간일정에 맞춰, 월간 단위 학사일정대로 준비했다. 연간 4번 있는 내신 시험은 물론, 고1, 2학년의 경우 연간 4번 있는 모의고사를 학교의 응시 여부와 관계없이 모두 준비했음을 확인할 수 있었다.

모의고사를 중요하게 생각해야 하는 이유는 내신 시험과 학습 주기를 같이하면서 시험 범위가 비슷하다는 특징 때문이다. 따라서 문제 풀이 학습에 집중할 수 있다는 장점이 있다. 또한, 출제 유형이 정확하게 정해져 있는 모의고사를 통해 문제 유형별 풀이 방법에 대한 깊이 있는 이해가 가능해진다. 이를 바탕으로 내신 시험에서도 활용 가능한 고난도 문제 해결 능력을 기를 수 있다는 사실이 그들을 지켜보는 과정에서 증명되었다.

영역별 유형이 정확하게 정해져 있다는 특징 때문에 모의고사는 단기간에도 성적 향상이 가능하다. 이를 위해서는 '동일 배점, 다른 난이도'라는 특징을 이해야 한다. 예를 들어 2021년 수능시험 수학영역에서 오답률을 기준으로 고난도에 해당하는 문제는 21번, 29번, 30번이었다. 이 세 문제 중 두 문제를 틀려도 1등급을 받고 서울대에 진학하는 데 문제가 없다. 물론 만점을 목표로 한다면 얘기가 좀 달라지지만 서울대 1등급이 목표라고 한다면 현 수준에서 21, 29, 30번 문제는 공부의 우선순위에서 좀 더 뒤로 미루어 두고 계획을 짤 수 있다.

⊙ 그럼, 지금부터 어떻게 해야 하는가?

나의 현재를 정확하게 파악하는 것으로부터 출발해야 한다. 자, 먼저 시험 시간에 맞춰 풀어 본 모의고사 성적을 바탕으로 틀린 문항 중에서 실수에 가까운 문제와 손을 댈 수 없을 정도로 어려웠던 문제를 구분하자. 이것이 출발점이다. 실수라 함은 개념 공부 혹은 문제 유형별 풀이 학습을 조금 더 하면 맞힐 수 있는 문제를 말한다.

이제 과목별로 실수에 해당하는 틀린 문제를 3문제만 뽑아보자. 이 3문제를 공부하는 것은 단기간 노력으로도 충분히 3문제를 맞힐 수 있게 하는 현실적인 계획이다. 그런데 이 3문제가 1개 등급을 올릴 수 있는 문항이라는 사실을 안타깝게도 수험생 대다수는 모르고 있다. 해마다 진행되는 모의고사는 시험 출제 범위가 비슷한 것은 물론 출제 유형이 정해져 있다. 이러한 특징 때문에 등급에 해당하는 원점수도 비슷하다. 내가 1개 등급을 올리고자 한다면, 내가 맞힐 수 있는 3문제에 집중해야 한다. 이것이 지난 20년 동안 수많은 수험생의 성적을 비약적으로 향상시킨 방법이다.

불리한 내신 극복, 유일한 대안은 수능

많은 학생이 목표하는 상위권 대학은 고등학교 내신 성적, 생활기록부, 수능시험 성적 모두를 반영해서 선발한다. 이 때문에 고1, 2학년 내신 성적이 낮은 학생들은 상위권 대학을 미리 포기하고 목표를 낮게 잡곤 했었다. 하지만 불리한 내신을 극복하고 상위권 대학에 진학할 수 있는 길이 올해부터 넓어졌다. 고3이 된 시점에서 내신 성적은 바꿀 수 없지만 수능시험 점수는 바꿀 수 있기 때문이다. 불리한 내신을 갖고 있다 하더라도 정시 전형으로 충분히 상위권 대학에 진학할 수 있다는 뜻이다.

또, 내신 3~4등급의 중위권 학생들이라고 하더라도 수시 원서 접수 직전에 시행되는 9월 모의평가 결과를 바탕으로 수시 상향 지원 전략을 마련할 수 있다. 수시 전형은 1차에서 모집 인원의 4배수를 선발하기 때문에 수능 최저를 맞출 수 있겠다는 판단이 들면 상향 지원을 할 수 있다. 이렇듯 현재 입시 제도의 특징을 정확하게 알면 불리한 내신을 극복하는 길이 보인다.

수험생들이 흔히 하는 실수를 보자. 수능시험은 자신이 없고, 적당히 내신 성적에 맞춰 입시를 치르고자 하니 결국 수시 전형에서도 수능 최저가 없는 대학을 지원해야겠다고 생각한다. 그런데 이러한 생각은 전국 모든 수험생이 갖고 있는 생각이다. 지원자가 많을수록 경쟁률이 높아지고, 경쟁률이 높아지면 오히려 불리한 내신을 극복할 수 있는 확률이 제로로 수렴한다.

이렇게 말하면 다른 수험생들에 비해 뭔가 많은 것을 준비해야 한다고 말하는 것 같은가? 전혀 그렇지 않다. 딱 2021년 9월 10일부터 시작하는 수시 전형 원서 접수 후 11월 18일 수능시험까지 이 두 달여의 골든타임을 수능시험에 집중하라는 것이다.

매년 현장에서 수험생들을 지켜보면, 6월 모의평가와 7월 내신 시험이 끝난 직후 8월 말까지 생활기록부를 정리하느라 실제로 모의고사 기출문제를 집중해서 공부하지 못한다. 오히려 수능시험이 가까워진 9월과 10월에 기출문제 풀이 학습에 집중할 수 있는 시간이 만들어진다는 점에 주목해야 하지만, 이 시기에도 수능시험 준비에 온전히 집중하는 학생은 드물다.

공부를 하지 않아도 11월 수능시험은 다가온다. 반대로 열심히 준비해도 11월 수능시험은 다가온다. 정해져 있는 일정이기 때문이다. 쏠림현상처럼 대다수 학생이 행동하는 방향대로 따라가는 것이 아닌, 자신만의 목표를 명확히 하고 현실을 객관적으로 바라봐야 한다. 성적 향상으로 직결되는 공부의 원칙은 '자신이 맞힐 수 있는 문제를 맞히는 것'에서부터 출발한다. 맞힐 수 있는 점수부터 확보한 후 취약한 부분을 중심으로 공부의 폭을 넓혀 나간다면 현재 성적에 상관없이 누구나 점수를 향상시킬 수 있다. 수능시험은 내신 시험과는 다르게 출제되는 주제가 명확하다. 그래서 객관적인 공부가 가능하다.

6월과 9월 모의평가를 비롯해 수능시험이 끝난 직후 공개되는 한국교육과정평가원 보도 자료를 꼭 챙겨보자. 전 문항별 출제 주제를 확인할 수 있다. 이 자료를 문항 번호순으로 확인하면 두 가지 중요한 정보를 얻을 수 있다. 첫 번째로 문항별 출제 주제와 출제자의 의도를 파악할 수 있다. 두 번째로 문항 번호별로 정리한 6월과 9월 자료를 비교하면 실제 수능시험에 출제될 주제와 최근 자주 반영되는 단원을 파악할 수 있다.

앞으로 수능시험까지 남은 기간을 기출문제를 바탕으로 공부하게 되면, 불리한 내신을 극복하고 원하는 상위권 대학에 진학에 진학할 수 있다. 무엇으로? 바로 수능으로 말이다.

수능 최저 맞춤 전략

🎯 끝에서 시작해야 한다

6월과 9월 모의평가가 중요한 이유는 출제 유형이 실제 수능 시험과 동일하다는 부분도 있지만, 입시 전략적인 측면에서 나의 현재 상황을 파악하고 객관적인 계획을 세울 수 있기 때문인 점이 더 크다. 먼저 올해 목표하는 대학교 홈페이지에 접속해 모집 요강 정보를 꼼꼼하게 확인해야 한다. 그중에서 '수능 최저 항목'을 확인하자. 선택과 집중을 위해서이다. 같은 시간을 공부하더라도 현실적으로 더 큰 폭의 변화가 가능한 과목에 노력을 집중하는 방법은 대입에도 그대로 적용된다.

전국 시도교육청에서 실시하는 3월과 4월 학력평가는 응시생이 재학생으로 제한되는 시험이다. 그러나 6월과 9월 모의평가 그리고 11월 수능시험은 기존 재학생에 재수생 응시 인원이 추가된다. 따라서 6월과 9월 모의평가에서는 내 평소 성적보다 등급이 낮게 나오는 것이 일반적이다. 수능시험에 실제로 응시할 인원이 포함된 결과이기 때문에 3월과 4월 학력평가보다 현재 자신의 위치를 좀 더 정확히 파악할 수 있다. 해마다 수능시험에서 재수생들이 재학생에 비해 강세를 보인다는 점도 감안해야 한다.

6월과 9월 모의평가는 실제 수능시험과 똑같은 환경에서 치르게 된다. 응시하는 시험지와 OMR 답안지 양식이 같음은 물론 영어 듣기평가 성우의 발음까지 수능시험과 똑같은 속도로 진행된다. 9월 모의평가는 실제 수능시험과 출제 범위가 같다. 수능시험에 앞서 실전 연습이 가능한 것이다.

⊚ 6월과 9월 모의평가는 한국교육과정평가원 바코드가 찍힌 보도 자료가 발행된다

6월과 9월 모의평가 직후 발행되는 '출제 보도 자료'와 '이의 제기 자료'는 출제자의 출제 의도와 유형별 주제를 직접적으로 확인할 수 있는 최고의 자료다. 수능시험은 단순히 지식의 양을 측정하는 시험이 아니다. 출제자의 의도를 파악하고 자료를 해석하는 능력이 무엇보다 중요한 시험이다. 한국교육과정평가원 보도 자료는 출제자의 시각에서 문제를 바라볼 수 있는 능력을 기르기 위해서도 반드시 활용해야 한다.

정리하자면 6월과 9월 모의평가는 다음과 같은 용도로 활용할 수 있다.

- 입시 전략 수립을 위한 객관적 근거 자료
- 모의평가 결과에 따른 선택적 학습 전략 수립
- 모의평가 결과에 따른 자신의 취약점 파악
- 모의평가 문제 분석을 통한 기출문제 학습과 연계교재의 효과적 활용

같은 점수 다른 대학, 전략에 달려 있다!

6월과 9월 모의평가 및 수능시험이 끝나면 제일 먼저 해야 할 일이 있다. 바로 가채점이다. 가채점 결과를 바탕으로 지원 가능한 대학을 분석하면 같은 점수로도 자신에게 가장 유리한 대

학을 찾아낼 수 있다. 대학마다 점수를 반영하는 방식이 다르기 때문이다.

EBS 접속	➡	채점 서비스 활용 표준점수 및 백분위 산출 예상 등급 컷 확인	➡	지원 석차 등 다양한 정보 확인

EBS를 비롯해 여러 사설 입시 기관에서는 채점 서비스를 무료로 제공한다. 학습을 위해 온라인 강의를 수강하는 경우 해당 사이트 아이디만 있으면 무료로 이용할 수 있다. 여기서 100점 만점으로 확인하는 원점수보다 과목별 표준점수, 백분위, 등급이 중요하다. 수능시험은 성적표에 원점수가 표시되지 않을 뿐더러 난이도가 높을 경우 원점수가 낮아도 표준점수, 백분위, 등급은 높게 나올 수 있다. 대학들도 학생들의 성적을 반영할 때 원점수가 아니라 표준점수, 백분위, 등급을 활용한다.

채점 서비스를 이용하게 되면 예상 등급 및 표준점수, 백분위를 확인할 수 있다. 수능시험까지 매년 7회의 시험을 통해 지속적으로 자료를 수집한다. 이 자료는 9월 수시 전형 원서 지원 가능 여부를 가늠할 수 있는 자료로 활용할 수 있으며 수능시험 응시 후에는 정시 전형 지원 자료로 활용된다.

가채점 결과를 분석할 때는 수능 반영 유형에 따라 가장 유리한 전형을 지속적으로 확인해야 한다. 성적 반영은 크게 '3+1, 2+1' 등이다. 따라서 성적이 잘 나온 과목을 선택해서 자신에게 가장 유리한 전형을 확인해야 한다. 여기서 '3+1, 2+1'이란 국어, 수학, 영어 과목에서 3과목 혹은 2과목을 반영하는 것을 의미하며 1은 탐구영역 과목을 의미한다.

수능시험을 치르기 전에 수시모집을 지원할 때 중요한 부분은 최저학력기준 충족 여부이다. 실제로 매년 수많은 학생이 수시모집 1차 합격 이후 수능시험 성적 최저학력기준을 충족시키지 못해서 불합격 처리되는 안타까운 일이 반복되고 있다. 수험생들은 교육청 학력평가 및 평가원 모의평가 성적을 지속적으로 확인하고 이를 정확한 지원을 위한 자료로 확보해야 한다.

선발 방법은 어떻게 되는지, 모집인원과 경쟁률은 어떻게 되는지, 상향 지원인지 안정 지원인지, 어느 과목에서 어느 정도 부족한지를 확인하면 등급제 시험인 현재 입시를 가장 적절하게 활용할 수 있게 된다. 예를 들어 같은 2등급이라고 하더라도 백분위로는 4~11% 사이에 분포한다. 뒤에 설명하겠지만 자신의 백분위를 분석하면 공부 시간을 안배하고 학습 전략을 세우는 데도 유용한 지표로 활용할 수 있다.

정시 모집
이렇게 많이 선발한다

올해 대입을 '수능의 시대'라고 부르는 이유는 정시모집 비율이 40%로 확대되었기 때문만이 아니다. 코로나19로 작년과 올해 대학입시에서 급격한 변화들이 존재하게 되었다. 2021학년도 작년 수능시험에서 1교시 결시 인원이 13.17% 발생하면서 수시 전형에서 수시 최저 요건을 충족하지 못해 최종합격에서 탈락한 인원이 크게 늘었다. 이렇게 탈락한 수시 전형 인원은 정시 전형으로 넘어간다. 즉, 정시모집 비율이 40%보다 더 많아지는 것이 사실이다.

작년 수능시험에서 확인된 결과처럼 결시 인원이 많아지면 응시 인원이 줄어드는 만큼 원하는 등급을 받기 어려워진다. 모집단 인원에서 등급별 비율이 정해져 있기 때문이다. 여기서 주목할 부분은 국어영역이다. 작년 수능시험으로 확인된 올해 대입의 전략과목은 국어영역이 될 것이다. 국어영역은 전 대학, 전 모집단위에서 대부분 반영을 한다. 따라서 국어영역에 대한 학습 전략이 중요해졌다.

또한 2021년 현재 고2 학생들이 대입을 준비하는 2023학년도 대입전형부터 서울권 주요 15개 대학교의 정시모집 비율이 40% 이상으로 확대된다. 서울대학교의 정시모집 비율은 2023학년도 인문/자연계열 1,395명으로 40.2%의 비율로 확대된다. 수능 응시 영역 기준은 인문계열 모집단위의 경우 국어(언어와 매체/화법과 작문 중 택1), 수학(확률과 통계/미적분/기하 중 택1), 영어, 한국사, 사회탐구/과학탐구(택2), 제2외국어/한문을 필수로 응시해야 한다. 자연계열 모집단위는 국어(언어와 매체/화법과 작문 중 택1), 수학(미적분/기하 중 택1), 영어, 한국사, 과학탐구(8과목 중 택2)를 필수 응시해야 한다.

계열 관계없이 국어 100%, 수학 120%, 사회/과학/직업탐구 80%의 비율로 반영하며 영어는 1등급 아래, 한국사는 3등급 아래 등급부터 감점하고 있다. 제2외국어/한문영역은 2등급 이내는 감점하지 않는다. 이처럼 수능시험에는 집중도를 높여야 하는 전략과목이 존재한다는 특징을 반드시 확인해야 한다.

연세대학교는 1,340명으로 전체 모집 인원의 40.1%를 정시에서 모집한다. 수능 응시 영역은 인문계열에서 국어, 수학(확률과 통계/미적분/기하 중 택1), 영어, 한국사, 탐구(사회/과학 구분 없이 택2), 자연계열에서 국어, 수학(미적분/기하 중 택1), 영어, 한국사, 과학탐구(과학탐구 중 택2)를 필수 응시해야 한다. 인문계열은 국어 200%, 수학 200%, 영어 100%, 사회/과학탐구 100%, 한국사 10%로 정시 반영한다. 자연계열은 국어 200%, 수학 300%, 영어 100%, 과학탐구 300%, 한국사 10%로 반영한다.

고려대학교는 1,395명을 모집하며 정시 모집 비율을 40.2%로 확대했다. 고려대학교도 연세대학교와 수능 응시 영역 기준이 인문계열, 자연계열별로 동일하다. 인문계열은 국어 200%, 수학 200%, 사회/과학탐구 160%의 비율이며 영어는 등급별로 감점하고 한국사는 등급별로 가산점을 부여한다. 자연계열은 국어 200%, 수학 240%, 과학탐구 200%의 비율이며 영어는 등급별로 감점하고 한국사는 등급별로 가산점을 부여한다.

모집 요강에서 확인할 수 있는 것처럼 수능시험 영역별로 성적에 반영하는 비율이 다르다는 점에 주목해야 한다. 수시 전형에서 수능 최저는 등급을 중요시하지만, 정시 전형에서는 영역별 백분위 성적을 반영한다. 정시 전형을 준비하는 수험생들의 경우 희망 대학을 정하고 그 대학에서 반영하는 비율이 높은 과목을 집중적으로 공략해야 한다. 이러한 전략은 수능시험이 끝난 후 정시 전형 지원 전략을 짤 때, 자신에게 유리한 영역별 조합으로 지원 계획을 세울 수 있게 해준다. 같은 점수 다른 대학이라고 강조하는 이유는 바로 이것이다.

▼ 주요 '인서울' 대학 정시 모집 비율

| 대학 | | 2023학년도 | | 2022학년도
수능 응시 영역 기준 | 수능 영역별 반영 비율
(단위: %) |
		인원	비율		
서울 대학교	인문	1,395	40.2%	국어, 수학(확률과통계/미적분/기하 중 택1), 영어, 한국사, 탐구(사회/과학 택2), 제2외국어/한문	국어 100	수학 120	사회/과학/직업탐구 80 영어: 1등급 감점 없음 한국사: 3등급 이내 감점 없음 제2외국어, 한문영역: 2등급 이내 감점 없음
	자연			국어, 수학(미적분/기하 중 택1), 영어, 한국사, 과학탐구(과학탐구 8과목 중 택2)	
연세 대학교	인문	1,340	40.1%	국어, 수학(확률과통계/미적분/기하 중 택1), 영어, 한국사, 탐구(사회/과학 구분 없이 택2)	국어 200	수학 200	영어 100	사회/과학탐구 100	한국사 10 → 총점 1010 환산
	자연			국어, 수학(미적분/기하 중 택1), 영어, 한국사, 과학탐구(과학탐구 중 택2)	국어 200	수학 300	영어 100	과학탐구 300	한국사 10 → 총점 1010 환산
고려 대학교	인문	1,395	40.2%	국어, 수학(확률과통계/미적분/기하 중 택1), 영어, 한국사, 탐구(사회/과학 구분 없이 택2)	국어 200	수학 200	영어 등급별 감점	사회/과학탐구 160	한국사 등급별 가산점
	자연			국어, 수학(미적분/기하 중 택1), 영어, 한국사, 탐구(과학탐구 8과목 중 택2)	국어 200	수학 240	영어 등급별 감점	과학탐구 200	한국사 등급별 가산점
서강대 학교	인문	695	40.5%	국어, 수학(확률과통계/미적분/기하 중 택1), 영어, 탐구(사회/과학 택2), 한국사	국어 1.1 가중치	수학 1.3 가중치	탐구(2과목) 0.6 가중치	영어 등급별 가산점(1등급 100)	한국사 등급별 가산점(1등급 10)
	자연			국어, 수학(미적분/기하), 영어, 탐구(과학 택2), 한국사	

대학		2023학년도		2022학년도 수능 응시 영역 기준	수능 영역별 반영 비율 (단위: %)
		인원	비율		
성균관 대학교	인문	1,475	40.1%	국어, 수학(확률과통계/미적분/기하 중 택1), 영어, 탐구(사회/과학 택2), 한국사	국어 40 | 수학 40 | 사회/과학탐구 20 | 영어 가산점(100) | 한국사 가산점(10)
	자연			국어, 수학(미적분/기하 중 택1), 영어, 탐구(과학 택2), 한국사	국어 25 | 수학 40 | 과학탐구 35 | 영어 가산점(100) | 한국사 가산점(10)
한양 대학교	인문	1,320	40.1%	국어, 수학(확률과통계/미적분/기하 중 택1), 영어, 한국사, 탐구(사회/과학 구분 없이 택2)	국어 30 | 수학 30 | 사회/과학탐구 30 | 영어 10 | 한국사 3등급까지 만점
	자연			국어, 수학(미적분/기하 중 택1), 영어, 한국사, 과학탐구(2과목)	국어 20 | 수학 35 | 과학탐구 35 | 영어 10 | 한국사 4등급까지 만점
경희 대학교	인문	2,176	40.2%	국어, 수학(확률과통계/미적분/기하 중 택1), 영어, 한국사, 탐구(사회/과학 구분 없이 택2)	국어 35 | 수학 25 | 사회/과학탐구 20 | 영어 15 | 한국사 5
	자연			국어, 수학(미적분/기하 중 택1), 영어, 한국사, 과학탐구(2과목)	국어 20 | 수학 35 | 과학탐구 25 | 영어 15 | 한국사 5
중앙 대학교	인문	2,023	40.0%	국어, 수학(확률과통계/미적분/기하 중 택1), 영어, 한국사, 탐구(사회/과학 중 택2)	국어 40 | 수학 40 | 사회/과학탐구 20 | 영어 가산점(1등급 100) | 한국사 10(1등급 10)
	자연			국어, 수학(미적분/기하 중 택1), 영어, 한국사, 과학탐구(택2)	국어 25 | 수학 40 | 사회/과학탐구 35 | 영어 가산점(1등급 100) | 한국사 10(1등급 10)
한국 외국어 대학교	인문	1,553	42.6%	국어, 수학(확률과통계/미적분/기하 중 택1), 영어, 한국사, 탐구(사회/과학 택2)	국어 30 | 수학 30 | 영어 20 | 사회/과학탐구 20 | 한국사 가산점
	자연			국어, 수학(미적분/기하 중 택1), 영어, 한국사, 과학탐구(과학탐구 8과목 중 택2)	국어 20 | 수학 35 | 영어 15 | 과학탐구 30 | 한국사 PASS/FAIL

대학		2023학년도		2022학년도 수능 응시 영역 기준	수능 영역별 반영 비율 (단위: %)
		인원	비율		
서울 시립 대학교	인 문	846	45.9%	국어, 수학(확률과통계/미적분/ 기하 중 택1), 영어, 한국사, 탐구 (사회/과학 구분 없이 택2)	국어 30 | 수학 30 | 영어 25 | 사회/과학탐구 15 | 한국사 등 급별 점수 부여 *인문계열2: 수학 35, 사회/ 과학탐구 10
	자 연			국어, 수학(미적분/기하 중 택1), 영어, 한국사, 과학탐구 (과학탐구 중 택2) * 건축학부, 도시공학과, 조경학과: 확률과통계/미적분/기하 택1	국어 20 | 수학 35 | 영어 25 | 과학탐구 20 | 한국사 등급별 점수 부여
건국 대학교	인 문	1,361	40.2%	국어, 수학(확률과통계/미적분/ 기하 중 택1), 영어, 한국사, 탐구 (사회/과학 구분 없이 택2)	인문1: 국어 30 | 수학 25 | 영어 15 | 사회/과학탐구 25 | 한국사 5 인문2: 국어 25 | 수학 30 | 영어 15 | 사회/과학탐구 25 | 한국사 5
	자 연			국어, 수학(미적분/기하 중 택1), 영어, 한국사, 탐구(과학탐구 8과목 중 택2)	자연1: 국어 20 | 수학 35 | 영어 15 | 과학탐구 25 | 한국사 5 자연2: 국어 20 | 수학 30 | 영어 15 | 과학탐구 30 | 한국사 5
동국 대학교	인 문	1,254	40.0%	국어, 수학(확률과통계/미적분/ 기하 중 택1), 영어, 탐구(사회/과 학 택2), 한국사	국어 1.1 가중치 | 수학 1.3 가 중치 | 탐구(2과목) 0.6 가중 치 | 영어 등급별 가산점(1등급 100) | 한국사 등급별 가산점 (1등급 10)
	자 연			국어, 수학(미적분/기하), 영어, 탐구(과학 택2), 한국사	
숙명 여자 대학교	인 문	983	40.0%	국어, 수학(확률과통계/미적분/기 하 중 택1), 영어, 탐구(사회/과학 택2), 한국사	국어 30 | 수학 25 | 사회/과 학탐구 20 | 영어 20 | 한국사 5
	자 연			국어, 수학(미적분/기하 중 택1), 영어, 탐구(과학 택2), 한국사	국어 25 | 수학 30 | 과학탐구 20 | 영어 20 | 한국사 20

대학		2023학년도		2022학년도 수능 응시 영역 기준	수능 영역별 반영 비율 (단위: %)
		인원	비율		
숭실대 학교	인 문	1,235	40.0%	국어, 수학(확률과통계/미적분/ 기하 중 택1), 영어, 한국사, 탐구 (사회/과학 구분 없이 택2)	국어 35 ㅣ 수학 25 ㅣ 영어 20 ㅣ 사회/과학탐구 20
	자 연			국어, 수학(미적분/기하 중 택1), 영어, 한국사, 과학탐구(8과목 중 2과목) *자연2: 수학(확률과통계/미적 분/기하 중 택1), 사회탐구, 과학 탐구 구분 없이 택2	국어 20 ㅣ 수학 35 ㅣ 영어 20 ㅣ 과학탐구 25
광운대 학교	인 문	768	40.0%	국어, 수학(확률과통계/미적분/ 기하 중 택1), 영어, 한국사, 탐구 (사회/과학 구분 없이 택2)	국어 30 ㅣ 수학 25 ㅣ 사회/과 학탐구 25 ㅣ 영어 20
	자 연			국어, 수학(미적분/기하 중 택1), 영어, 한국사, 과학탐구(2과목)	국어 20 ㅣ 수학 35 ㅣ 영어 20 ㅣ 과학탐구 25
서울 여자 대학교	인 문	699	40.5%	국어, 수학(확률과통계/미적분/ 기하 중 택1), 영어, 한국사, 탐구 (사회/과학 중 택2)	국어 30 ㅣ 수학 20 ㅣ 사회/과 학탐구 20 ㅣ 영어 30
	자 연			국어, 수학(확률과통계/미적분/기 하 중 택1), 영어, 한국사, 과학탐구(택2)	국어 20 ㅣ 수학 30 ㅣ 과학탐구 30 ㅣ 영어 20

고1, 2학년에게도
'이것'이 중요하다

    수시 전형을 준비하는 고1, 2학년이라고 할지라도 '수능 최저 요건' 충족 여부를 중요하게 생각해야 한다. 결국 수능을 제외하고는 상위권 대학으로 진학하기 위한 입시 전략은 세울 수가 없다. 결론은 수능이다.

    자신이 목표로 하는 대학교와 학과의 모집 요강을 고1, 2학년 때부터 확인하자. 그래야 자신이 충족시켜야 할 수능 성적 조건이 무엇인지, 보완해야 할 조건이 무엇인지를 미리 확인할 수 있고 효율적으로 준비할 수 있다. 입시에는 내신 외에도 수많은 변수가 있다. 고1, 2학년 때 정해진 내신만으로 대입의 결과를 섣불리 예단하는 것은 옳지 않다. 고1, 2학생들에게 모의고사의 중요성을 강조하는 이유는 모의고사가 궁극적인 성적 향상을 위한 공부의 기본임은 물론, 모집 전형에 대한 이해를 바탕으로 효과적인 대입 전략을 마련하는 데 있어 중요한 기틀이 되기 때문이다.

⊚ 모의고사 성적표는 이렇게 분석한다

모의고사 성적표를 받아든 고1, 2학생들을 보면 이걸 어떻게 해석하고 활용할지 몰라서 등급만 대충 확인하는 모습을 보곤 한다. 모의고사 성적표가 왜 중요할까? 모의고사 성적표를 정확하게 분석하면 자신에게 유리한 입시 전략을 구상할 수 있음은 물론 앞으로 공부 계획을 구체적으로 세울 수 있다. 어떻게 분석해야 할까? 우선 원점수/등급/백분위/표준점수 등의 수능 용어를 알아야 한다.

수험번호	성명	생년월일	성별	출신고교		
12345678	홍길동	03.09.05	남	한국고등학교		
구분	국어영역	수학영역	영어영역	탐구영역		제2외국어/한문영역
	화법과 작문	확률과 통계		생활과 윤리	물리학 I	독일어 I
표준점수	131	137		53	64	
백분위	97	95		75	93	
등급	1	2	1	4	2	2
2021. 12. 10 한국교육과정평가원장						

다음은 한국교육과정평가원에서 발행한《대학수학능력시험 Q&A 자료집》에서 발췌한 수능 용어 설명이다.

· 원점수

맞힌 문항에 해당하는 배점을 단순히 합산한 점수로서 우리에게 가장 익숙한 점수 체계이다. 그러나 수능에서는 원점수를 제공하지 않는다.

· 등급

등급	1	2	3	4	5	6	7	8	9
비율(%)	4	7	12	17	20	17	12	7	4
누적 비율 (%)	4	11	23	40	60	77	89	96	100

영역/과목별 표준점수에 근거하여 전체 수험생을 9개의 등급으로 나누었다. 예를 들어 100명 중 1~4등까지는 1등급에 해당하고 5~11등은 2등급에 해당한다.

· 백분위

영역/과목 내에서 개인의 상대적 서열을 나타내는 수치로서 100에 가까울수록 좋다. 예를 들어 100명 중 10등인 경우 백분위는 90이 된다.

· 표준점수

영역/과목별로 난이도가 다르고 응시 집단의 규모와 성격이 다르기 때문에 원점수로는 우열을 비교할 수 없다. 따라서 상대적인 서열을 표시하기 위해 영역/과목별로 비교가 가능하도록 변환한 점수가 표준점수이다. 일반적으로 국어는 120 후반에서 130 초중반, 수학은 130 후반에서 140 초중반, 영어는 절대평가로 표준점수 미공개, 탐구는 60 중후반에서 70 후반 정도에서 만점자의 표준점수가 형성된다. 변환 표준점수는 대학마다 다르기 때문에 따로 확인해야 한다.

수능시험은 상대평가이기 때문에 어려운 난이도일 때 원점수 90점으로도 1등급을 받을 수 있는 반면 난이도가 쉬운 경우

95점을 받아도 2등급이 나올 수 있다. 따라서 자신의 객관적인 위치는 원점수가 아닌 등급과 백분위를 통해 확인해야 한다. 심지어 백분위 자료와 전체 응시 수험생 수를 곱하면 현재 자신의 전국 등수까지도 알 수 있다.

기출 모의고사를 공부하다 보면 지금 응시하고 있는 시험의 난이도를 확인하고 싶을 때가 있다. 어렵게 느껴지는 시험이 정말로 어려운 것인지, 아니면 아직 자신의 실력이 부족해서 어렵게 느껴지는 것인지 알 수 없기 때문이다. 이럴 때는 입시 기관 사이트에서 제공하는 기출문제 등급 컷을 확인하자. 시험별 난이도를 확인할 수 있다. 예를 들어 원점수 95점이 1등급 컷으로 확인된 경우 쉬운 시험으로 생각할 수 있는 반면, 70점에 1등급 컷이 있는 경우에는 어려운 시험으로 보면 된다.

시험 난이도가 쉬워지면 상위권 학생일수록 부담을 느끼게 된다. 단 한 문제 실수로 등급이 바뀌어버리기 때문이다. 상위권 학생은 EBS 연계교재를 활용해서 쉬운 문제에서 실수하지 않는 것이 최선의 전략이다. 반면 중하위권에 속하는 학생들은 쉬운 문제를 중심으로 실수하지 않으면서 고득점을 노린다면 평소보다 높은 등급을 받을 수 있다. 수능시험이 쉬워지게 되면 동점자가 늘어나면서 등급 인원도 늘어난다. 이에 따른 반사 이익도 얻을 수 있다.

대입은 결국 타인과의 경쟁이다. 모의고사 성적표를 통해 남들과 비교해 자신의 위치가 어디쯤인지 정확한 판단을 해야 전략을 수립할 수 있다. 따라서 고1, 2학생들도 연간 4회에 걸쳐 진행되는 전국연합학력평가를 시기에 맞춰 응시하는 노력을 지속해가야 한다.

2 0 2 2 수능만점 이순신

수능, 30일 1개 등급 향상 비법 '수능플렉스'

과목별 1개 등급 향상,
몇 문제로 가능한가?

　열심히 노력하는 것과 결과를 만드는 것은 전혀 다른 문제이다. 수능 성적을 향상시키고자 마음먹고 노력하기로 하였다면, 결과를 놓고 봤을 때 그저 막연하게 열심히만 하는 것은 오히려 독이다. 구체적인 전략을 갖고 수능시험을 준비해야 내가 속한 그룹에서 벗어나 성공할 수 있다.

　수능시험에서 1개 등급을 결정하는 점수는 10점이 채 되지 않는다고 했다.

국어	원점수		표준점수	백분위
1등급	87	7점 차이	131	96
2등급	80		124	89
3등급	71		116	77

수학 가형	원점수		표준점수	백분위
1등급	92	8점 차이	131	96
2등급	84		125	89
3등급	75		117	77

영어	원점수		표준점수	백분위
1등급	90	10점 차이	-	-
2등급	80		-	-
3등급	70		-	-

2021학년도 수능시험 등급 컷 자료를 보자. 국어는 71점(3등급), 80점(2등급), 87점(1등급)이고, 수학 가형은 75점(3등급), 84점(2등급), 92점(1등급)이다. 절대평가인 영어의 경우에도 마찬가지다.

한 문제의 배점이 2~4점인 것을 감안하면 고작 3~4문제가 1개 등급을 결정하게 된다. 성적 향상의 핵심 비법은 수능시험에 매년 출제되는 주제가 있다는 것과 동일한 배점이라 하더라도 문제마다 난이도가 각기 다르다는 점을 이해하는 것이다.

즉, 반드시 출제되는 유형의 문제 가운데, 현재 틀리고 있는 취약 부분에서 난이도가 쉬운 부분을 선택해 집중적으로 학습하는 것이다. 이것이 수능시험을 전략적으로 손쉽게 대비하는 첫째 방법이 된다.

둘째 방법은 6월과 9월 모의평가 문제가 수능시험에 반영되고 연계된다는 점을 이해해야 한다. 시험에 출제된 문항들을 출제 주제별로 정리하고 비교하면 매번 출제된 문항과 주제를 확인할 수 있는데, 이는 실제 수능시험에 출제될 가능성이 높은 문항들이다. 수능시험에도 트렌드를 반영한 출제 가능 주제들이 존재한다.

"만약 올해 출제되는 수능시험 문제를 예상할 수 있다면?"

수험생과 학부모 입장에서는 귀가 솔깃한 말이 아닐 수 없다. 할 수만 있다면 많은 비용을 들여서라도 정보를 얻고 싶을 것이다. 그런데 이미 정보는 공개되어 있다. 수능시험을 출제하는 한국교육과정평가원에서 수능시험 문제는 물론 수능 공부법도 사전에 공개하고 있지만, 이를 알고 있는 수험생은 드물다.

실제로 6월과 9월 모의평가 시험지를 확인하면 당해 연도 수능시험의 출제 방향과 난이도를 예상할 수 있다. 공부를 안 하고도 성적을 올릴 수 있는 방법은 없지만, 보다 효율적으로 성적을 올리는 것은 얼마든지 가능하다. 과거를 보면 미래를 알 수 있게 된다. 2022학년도 수능을 대비한다면, 2021년 시행 자료를 확인하면 그 답을 찾을 수 있다. 즉, 2021년 시행 6월과 9월 모의평가 그리고 수능시험 출제 주제를 비교하면 연계성을 확인할 수 있다는 뜻이다.

▼ [연계사례 6월, 9월, 수능] 2021학년도, 수학 가형

2021 학년도	6월 평가원	9월 평가원	수능시험
문항	출제 주제		
1	지수법칙	지수법칙	지수법칙 이용, 식의 값
2	수열의 극한값	수열의 극한값	수열의 극한값
3	등비수열의 항	확률 조건부 확률	삼각함수의 성질 이용, 삼각함수의 값
4	같은 것이 들어있는 순열	급수의 정의	조건부 확률의 성질 이용, 확률의 값
5	수열의 극한값	확률 밀도 함수 그래프	지수부등식 계산
6	로그의 성질	부분적분법	표본평균의 분포 이해
7	함수의 극한값	매개변수 최댓값	곱의 미분법 이용, 함수의 극댓값과 극솟값
8	원순열	등비수열의 극한 성질	정적분 이용 곡선과 두 직선 및 x축으로 둘러싸인 부분 넓이
9	로그함수의 최댓 최솟값	원순열	순열의 수 이용 확률 계산

▼ [연계사례 6월, 9월, 수능] 2021학년도, 수학 나형

2021 학년도	6월 평가원	9월 평가원	수능시험
문항	출제 주제		
1	지수법칙	지수법칙 이용	지수법칙 이용, 식의 값
2	미분계수	미분계수의 값	수열의 극한값
3	등차중항	삼각함수의 값	삼각함수의 성질 이용, 삼각함수의 값
4	함수의 극한값	함수의 극한값	조건부 확률의 성질 이용, 확률의 값
5	사인법칙	확률의 덧셈정리	지수부등식 계산
6	여사건의 확률	함수의 그래프	표본평균의 분포 이해
7	좌극한값과 우극한값	등차수열의 일반항	곱의 미분법 이용, 함수의 극댓값과 극솟값
8	이항정리	확률 계산	정적분 이용 곡선과 두 직선 및 x축으로 둘러싸인 부분 넓이
9	지수함수의 최댓, 최솟값	사인법칙을 이용	순열의 수 이용 확률 계산

▼ [연계사례 6월, 9월, 수능] 2021학년도, 사회탐구 생활과 윤리

2021 학년도	6월 평가원	9월 평가원	수능시험
문항	출제 주제		
1	실천 윤리학과 메타 윤리학	실천 윤리학과 기술 윤리학	메타 윤리학과 실천 윤리학의 특징 파악
2	유교와 도가	불교 사상	성에 대한 보수주의와 자유주의 입장 비교 이해
3	성차별: 보부아르	매킨타이어의 덕	하버마스의 담론 윤리 이해
4	배아 복제	유전자 조작 관련	해외 원조에 대한 롤스와 싱어의 입장 파악

2021 학년도	6월 평가원	9월 평가원	수능시험
5	요나스의 책임 윤리	유교 사상의 가족 윤리	예술에 대한 플라톤과 칸트의 입장 비교 이해
6	정약용과 플라톤	칸트와 플라톤의 예술	유전자 교정 기술에 대한 찬반 입장 파악
7	롤스와 노직	롤스의 시민 불복종	매킨타이어와 벤담의 입장 비교 이해
8	볼노브의 거주 윤리	야스퍼스 하이데거	부부 윤리에 대한 유교의 입장 파악
9	해외 원조: 롤스, 싱어	야스퍼스 하이데거	직업에 대한 공자와 플라톤의 입장 비교 이해

▼ [연계사례 6월, 9월, 수능] 2021학년도, 과학탐구 생명과학 Ⅰ

2021 학년도	6월 평가원	9월 평가원	수능시험
문항	출제 주제		
1	생물의 특성	생명과학의 탐구 방법	사람의 물질대사
2	사람의 물질대사	소화계와 호흡계	사람의 물질대사
3	자율 신경	티록신 분비 조절	질병과 병원체
4	흥분의 전도와 전달	대사성 질환	신경계
5	체온 조절	감염성 질병	물질의 생산
6	질병과 병원체	핵형 분석	핵형
7	기관계의 통합적 작용	항상성 조절	당뇨병
8	혈당 조절과 대사성 질환	당뇨병과 혈당량 조절	혈장 삼투압
9	핵형 분석	개체군 사이의 상호 작용	세포 주기와 핵형 분석

12. 1학년 학생 2명, 2학년 학생 2명, 3학년 학생 3명이 있다.
이 7명의 학생이 일정한 간격을 두고 원 모양의 탁자에 모두
둘러앉을 때, 1학년 학생끼리 이웃하고 2학년 학생끼리
이웃하게 되는 경우의 수는? (단, 회전하여 일치하는 것은 같은
것으로 본다.) [3점]

① 96 　　② 100 　　③ 104 　　④ 108 　　⑤ 112

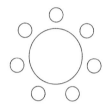

14. 다섯 명이 둘러앉을 수 있는 원 모양의 탁자와 두 학생 A, B를
포함한 8명의 학생이 있다. 이 8명의 학생 중에서 A, B를
포함하여 5명을 선택하고 이 5명의 학생 모두를 일정한
간격으로 탁자에 둘러앉게 할 때, A와 B가 이웃하게 되는
경우의 수는? (단, 회전하여 일치하는 것은 같은 것으로 본다.)
[4점]

① 180 　　② 200 　　③ 220 　　④ 240 　　⑤ 260

15. 세 학생 A, B, C를 포함한 6명의 학생이 있다.
이 6명의 학생이 일정한 간격을 두고 원 모양의 탁자에
다음 조건을 만족시키도록 모두 둘러앉는 경우의 수는?
(단, 회전하여 일치하는 것은 같은 것으로 본다.) [4점]

> (가) A와 B는 이웃한다.
> (나) B와 C는 이웃하지 않는다.

① 32　　　② 34　　　③ 36　　　④ 38　　　⑤ 40

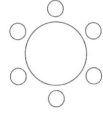

3문제면
1개 등급이 향상된다

🎯 3문제를 더 맞히면 1개 등급이 올라간다?

수능시험에 반드시 출제되는 한 가지 주제를 선택해 그 유형을 반복적으로 학습하면 누구나 해당 주제를 완벽하게 공부할 수 있다. 한 가지 출제 주제를 선택해 집중적으로 공부하는 방법은 지난 20년 동안 수많은 학생의 성적을 비약적으로 향상시킨 비결이다.

수능 공부를 시작할 때도 마찬가지다. 어려운 문제를 풀기보다 시험에 반드시 출제되는 하나의 주제를 선택해서 일주일 동안 그 주제만 집중적으로 공부한다. 이렇게 4주, 즉 30일이 지나면 3~4문항을 더 맞힐 수 있다.

수학영역의 경우 한 문항당 배점이 3~4점이므로 원점수로 환원하면 1개 등급에 해당하는 10점이 상승한다. 각 과목별 등급을 구분하는 원점수가 대략 10점에 해당한다는 점을 확인할 수 있다. 중위권에 속하는 3~4등급 수험생들은 수능시험에 반드시 출제되면서 현재 자신이 틀리고 있는 부분을 선택해 단기간 집중적으로 학습해야 점수를 올릴 수 있다.

◎ 수능시험 성적이 곧 입시 전략이라는 원칙은
매년 입시를 통해 증명되고 있다

수능시험 성적은 수시 전형에서 최저등급으로 활용되고, 정시 전형에서는 과목별 점수로 적용이 된다. 수학, 사회, 과학 과목의 경우 매년 반복 출제되는 문제 유형이 80%나 되고, 매년 수능시험에는 100% 출제되는 '단원별 주제'가 있다.

모의고사가 끝나면 입시 기관에서 무료로 제공하는 채점 서비스 및 문제은행 서비스를 활용해 정답률이 높은, 다시 말해 난도가 낮은 문항 중 자신이 틀린 문항을 선택해서 우선적으로 공부해야 한다. 예를 들어 수학영역의 경우, '무한등비급수 도형 활용 유형, 확률, 통계' 등의 주제가 여기에 해당한다. 이렇듯 매년 6월과 9월 모의평가 자료를 바탕으로 출제되는 문제를 파악할 수 있기 때문에 다가오는 수능시험에도 무엇이 출제될지 예상할 수 있다.

같은 배점 다른 난이도
'공부 비법'

🎯 수능시험은 기출에서 시작해서 기출로 끝난다

시험 준비는 '자신이 맞힐 수 있는 문제를 모두 맞히는 것'에서부터 출발해야 한다. 기본 점수부터 확보한 후 자신의 취약한 부분을 중심으로 공부의 폭을 넓혀 나간다면 누구나 점수를 향상시킬 수 있다. 그러려면 매번 반복해서 출제되는 주제를 놓치지 않아야 한다. 해당 주제들은 기출문제를 공부하는 과정에서 자연스럽게 확인할 수 있다.

수능시험을 출제하는 한국교육과정평가원에서 출제한 6월과 9월 모의평가 그리고 수능시험 기출문제부터 시작해야 한다.

EBS를 비롯한 시중의 모든 문제집은 기출문제의 변형에 지나지 않는다. 수능시험은 기출에서 시작해서 기출로 끝난다.

기출문제 풀이 학습을 진행해 본 수험생들이라면 시험에 자주 나오는 유형이 있다는 사실을 쉽게 알 수 있다. 특히 출제되는 유형이 정해져 있는 수학, 사회탐구, 과학탐구영역의 경우 정해진 주제에 따라 반복되는 문제를 확인할 수 있다.

6월과 9월 모의평가를 비롯해 수능시험이 끝난 직후 공개되는 평가원 보도 자료를 보면 전 문항별 출제 주제를 확인할 수 있는데, 이 자료를 문항 번호순으로 확인하면 두 가지 중요한 정보를 얻을 수 있다.

첫째, 출제 주제와 출제자의 의도를 문항별로 파악할 수 있다.

둘째, 문항 번호별로 정리한 6월과 9월 자료를 비교하면, 실제 수능시험에 출제될 주제와 최근 자주 반영되는 단원을 파악할 수 있다.

이제 이렇게 정리한 자료를 활용하여 자신이 틀린 부분을 중심으로 효과적인 공부 계획을 세우면 된다.

매년 다른 지문을 읽고 풀어야 하는 국어영역, 영어영역과는 달리 출제 주제가 정해져 있는 수학, 사회탐구, 과학탐구영역은 실제로 이렇게 준비하면 된다. 다음은 '2022학년도 수능 출제방향 보도 자료'에서 발췌한 수학영역 문항 유형 소개 자료이다.

수학영역은 고등학교 수학과 교육과정에 제시된 수학의 기본 개념, 원리, 법칙을 이해하고 적용하는 능력을 평가하는 문항, 수학에서 중요하게 다루어지는 기본 계산 원리 및 전형적인 문제 풀이 절차인 알고리즘을 이해하고 적용하는 능력을 평가하는 문항, 규칙과 패턴, 원리를 발견하고 논리적으로 추론하는 문항, 주어진 풀이 과정을 이해하고 빈 곳에 알맞은 식을 구할 수 있는 능력을 평가하는 문항을 출제하였다. 또한 두 가지 이상의 수학 개념, 원리, 법칙을 종합적으로 적용하여야 해결할 수 있는 문항과 실생활 맥락에서 수학의 개념, 원리, 법칙 등을 적용하여 해결하는 문항도 출제하였다.

EBS를 비롯해 메가스터디와 같은 입시 기관 홈페이지에서 무료로 제공하는 '문제은행' 서비스 페이지를 활용하면 문항별로 배열된 '출제 주제' 자료를 확인할 수 있다. 이 자료는 예시와 같이 각 문항별로 출제된 단원, 출제 주제를 확인하고 자신이 학습한 내용 중 틀린 문항을 확인할 때 참고할 수 있다.

예를 들면 '아! 수능시험 문제 11번 문항을 잘 몰랐는데 수열의 극한, 급수 단원에서 정적분과 급수의 합 사이의 관계를 이해할 수 있는지 물어보고 있구나! 배점이 3점이고 오답률이 21%인 걸 보면 충분히 공부해서 맞힐 수 있겠군'과 같이 구체적인 공부 방향을 정할 수 있다.

메가스터디에서 제공하는 문제은행 서비스인 'MEGA 문제은행'

선택한 조건으로 검색				
번호	분류 (중단원명 > 소단원명)	시험 출처	배점	정답률
1번	지수함수와 로그함수 > 지수	2020.12 수능 수학(가) 1번	2점	97%
2번	수열의 극한 > 수열의 극한	2020.12 수능 수학(가) 2번	2점	95%
3번	삼각함수 > 삼각함수	2020.12 수능 수학(가) 3번	2점	90%
4번	확률 > 조건부 확률	2020.12 수능 수학(가) 4번	3점	96%
5번	지수함수와 로그함수 > 지수함수와 로그함수의 활용	2020.12 수능 수학(가) 5번	3점	95%
6번	통계 > 확률분포	2020.12 수능 수학(가) 6번	3점	93%
7번	미분법 > 여러 가지 미분법	2020.12 수능 수학(가) 7번	3점	94%
8번	적분법 > 정적분의 활용	2020.12 수능 수학(가) 8번	3점	93%
9번	경우의 수 > 여러 가지 순열	2020.12 수능 수학(가) 9번	3점	92%
10번	삼각함수 > 사인법칙과 코사인법칙	2020.12 수능 수학(가) 10번	3점	93%
11번	수열의 극한 > 급수	2020.12 수능 수학(가) 11번	3점	79%

메가스터디 'MEGA 문제은행' 활용 예시

또한 이 채점 서비스를 활용하면 단원별 출제 분포를 알 수 있다. 이 자료를 통해 효과적인 개인별 맞춤형 학습 계획을 구성할 수 있다.

막연히 열심히 해서 좋은 결과를 얻을 수는 없다. 수능시험 출제 기관인 한국교육과정평가원에서 공개하는 자료를 바탕으로 하면서, EBS, 메가스터디 등의 입시 기관에서 무료로 제공하는 '문제은행' 자료를 전략적으로 활용해야 한다. 우선 수능시

험에 반드시 출제되는 단원부터 공부해서 기본 점수를 확보한
후, 역대 기출 문항 중 가장 쉬웠던 문항부터 단계적으로 공부
해야 한다.

🎯 같은 배점, 다른 난이도 이렇게 중요하다

▼ 고난도 기출 문항과 쉬운 기출 문항 비교 예시

30. 최고차항의 계수가 1인 삼차함수 $f(x)$에 대하여
실수 전체의 집합에서 정의된 함수 $g(x) = f(\sin^2 \pi x)$가
다음 조건을 만족시킨다.

> (가) $0 < x < 1$에서 함수 $g(x)$가 극대가 되는 x의 개수가
> 3이고, 이때 극댓값이 모두 동일하다.
>
> (나) 함수 $g(x)$의 최댓값은 $\dfrac{1}{2}$이고 최솟값은 0이다.

$f(2) = a + b\sqrt{2}$일 때, $a^2 + b^2$의 값을 구하시오. (단, a와 b는
유리수이다.) [4점]

15. 세 학생 A, B, C를 포함한 6명의 학생이 있다. 이 6명의 학생이 일정한 간격을 두고 원 모양의 탁자에 다음 조건을 만족시키도록 모두 둘러앉는 경우의 수는? (단, 회전하여 일치하는 것은 같은 것으로 본다.) [4점]

> (가) A와 B는 이웃한다.
> (나) B와 C는 이웃하지 않는다.

① 32   ② 34   ③ 36   ④ 38   ⑤ 40

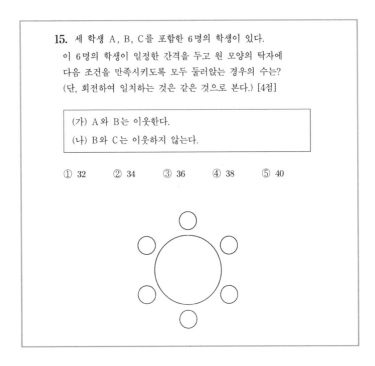

동일한 배점이어도 난이도는 다르다. 첫 번째 문제는 2021학년도 수능 수학 가형 30번 문제로 정답률 11%로 가장 높은 난도를 보인 고난도 문항이다. 반면 두 번째 문제는 2021학년도 수능 수학 나형 15번 문제로 정답률 85%에 해당하는 쉬운 문제이다. 하지만 배점 4점에서 확인할 수 있는 것처럼 '동일한 배점 다른 난이도'를 확인할 수 있다. 공부 노력을 어떤 부분에 집중할 것인지를 먼저 확인하는 과정은 이렇게 중요하다.

변화 가능한 부분에
집중하라

 실천 가능한 수능(모의고사) 공부 방법은 무엇인가?

　매년 고1, 고2 학생들도 3월, 6월, 9월, 11월에 전국연합학력평
가를 응시하게 된다. 주관하는 교육청에 따라 내가 다니는 고등
학교에서 시험을 응시하지 않는 경우도 물론 있다. 하지만 모의
고사 시험지와 해설 자료는 EBS에서 출력할 수 있다. 즉 내 학
교의 응시 여부와 상관없이 풀이 학습을 계획할 수 있다는 이야
기다. 모의고사 풀이 학습이 중요한 이유는 앞서 이야기했듯 전
국 단위로 과목별 성적과 현재 성취도를 가장 객관적으로 확인
할 수 있기 때문이다.

모의고사를 풀어보면 반복 출제되는 부분이 있다는 사실을 쉽게 확인할 수 있다. 또, 현재 자주 틀리는 취약한 문제 유형이 있다는 사실도 확인할 수 있다. 반복 출제되면서 현재 취약한 부분에 주목하고 그 중 난도가 쉬운 유형을 선택해 집중 공부하는 방법이 모의고사 성적을 단기간에 향상시키는 핵심 전략이다.

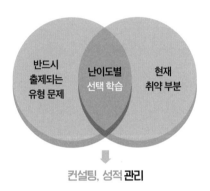

지금도 현장에서 학생들을 만나보면 "개념 공부가 덜 되어 문제풀이는 나중에 하겠다"라는 이야기를 자주 듣는다. 하지만 완벽한 개념 이해 후 문제를 풀어보는 시기는 절대 오지 않는다. 뿌리 깊은 개념 이해는 내가 알고 있는 내용을 문제에 적용해보면서 비로소 만들어지기 때문이다. 그래서 학생들에게 문제를 통한 개념 이해의 중요성을 거듭 강조한다.

⚫ 오답노트를 꼭 만들어야 하나요?

성적 향상의 시작은 객관적인 데이터를 마련하는 것으로부터 시작한다. 즉, 현재 자신의 위치를 파악하는 것으로부터 시작하는 것이다. 학생들이 많이 질문하는 오답노트는 취약한 부분을 깊이 있게 이해하기 위해 반드시 필요하다.

오답노트를 만드는 이유는 틀린 부분을 종이(노트)에 적는 과정을 통해서, 자신의 현재 수준을 객관적으로 파악하기 위함이다. 사람은 누구나 자신만의 관점에 치우친 생각을 머릿속에 가지고 있다. 수능시험이 요구하는 것은 보편적인 사고능력이다. 오답노트를 만들어보는 과정을 통해 이렇게 치우친 생각을 '보편적인 생각'으로 교정할 수 있게 된다. 이 과정에서 고득점을 만들어 낼 수 있다. 고등학교 교과 내용과 기출 문제 문항을 충실하게 공부하고 반복하면 내신 시험과 모의고사에서나 누구나 성적 향상의 기적을 만들 수 있다.

등급에 맞게
전략을 계획하라

🎯 쉬운 문제만 공략해도 2등급

2등급을 강조하는 이유는 '인서울'이 가능한 상위 10%에 해당하는 등급이기 때문이다. 오른쪽 도표로 정리한 2021학년도 수능시험 등급 컷에서 확인할 수 있는 것처럼 국어영역 45문제 중 '하, 중하, 중' 난이도에 해당하는 문제들만 모두 맞혀도 45문제 중 35문항을 확보하고 원점수 기준 76점에 해당해 3등급을 받을 수 있었다.

여기에 중상 난이도에 해당하는 3문제를 더 맞히게 되면 원점수는 84점까지 올라가게 되고, 2등급을 받을 수 있었다. 중요한 점은 고난도에 해당하는 '상, 최상 7문항'을 제외했다는 점이다. 즉, 쉬운 문제만 공략해도 2등급이 가능하다. 수능시험의 이러한 등급별 특징을 이해하면 누구나 등급에 맞게 효율적인 공부 전략을 세울 수 있다.

▼ 난이도별로 접근하여 쉬운 문제부터 해결

2021학년도 수능 국어영역 난이도 분포		
하	7문항	15점
중하	12문항	25점
중	16문항	36점
중상	3문항	8점
상	7문항	16점
최상	0문항	0점

· 하, 중하 난이도 모두 맞히면: 19문항, 40점
· 하, 중하, 중 난이도 모두 맞히면: 35문항, 76점(3등급 확보)
· 하, 중하, 중, 중상 난이도 모두 맞히면: 38문항, 84점(2등급 확보)

2등급 컷 점수: 82점(표준점수 125)
3등급 컷 점수: 74점(표준점수 116)

매년 수험생들은 6월과 9월 평가원 모의평가와 교육청 학력평가까지 포함하면 수능시험까지 총 7회의 시험을 치른다. 기출문제를 풀 때는 우선 최신 경향이 반영된 3개년 기출문제를 풀어봐야 한다. 수능시험을 포함 7회 분량의 기출문제를 3개년으로 생각해본다면 총 21회 분량이다.

이러한 21회 분량의 기출문제를 푸는 과정을 통해 자주 출제되는 개념 파악 능력, 현재 성취도 분석을 바탕으로 한 난도별 문제 풀이 능력을 동시에 키울 수 있다. 여기에 연도를 비교하면서 해마다 변화하는 수능시험의 문제 유형을 파악할 수 있는 건 보너스다.

다음은 기출문제 분석을 통한 수능 대박 5단계 시스템에 대한 설명이다.

수능 대박 5단계 시스템
'EBSi 활용법'을 공개한다

1단계: 기출문제를 풀 때마다 입시 기관 채점 서비스를 활용해 점수를 채점한다.

2단계: 난도가 낮은 문항부터 복습한다.

3단계: 반복되는 개념은 반드시 암기한다.

4단계: 어려운 문제는 여러 강사의 해설 강의를 비교해서 들어본다.

5단계: 문제은행 서비스를 활용한다.

1단계 기출문제를 풀 때마다 입시 기관 채점 서비스를 활용해 점수를 채점한다.

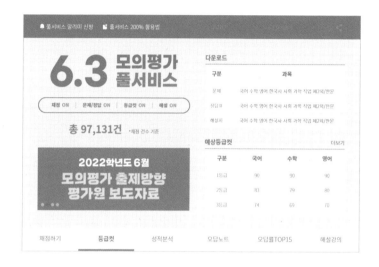

이는 자신의 취약 부분에 대한 데이터를 만드는 과정으로 문항 정보가 많을수록 정확도는 높아진다.

채점하기	등급컷	성적분석	오답노트	오답률TOP15	해설강의

국어	∨	언어와 매체	∨

순위	문항 번호	오답률	배점	정답	선택지별 비율					문제	해설강의	인공지능 문제추천
					①	②	③	④	⑤			
1	17	80.0	3	2	22.7	19.8	27.9	12.5	17.1	보기 >	보기 >	보기 >
2	34	68.0	3	2	11.9	32.4	8.6	15.4	31.8	보기 >	보기 >	보기 >
3	6	67.0	2	4	15.2	11.4	16.7	33.3	23.4	보기 >	보기 >	보기 >
4	16	63.0	2	4	16.6	14.7	11.6	37.2	19.9	보기 >	보기 >	보기 >
5	15	60.0	2	2	18.8	40.2	10.7	13.8	16.4	보기 >	보기 >	보기 >
6	12	58.0	3	4	11.0	32.5	10.1	42.3	4.1	보기 >	보기 >	보기 >
7	41	55.0	3	4	34.4	2.6	7.6	44.8	10.7	보기 >	보기 >	보기 >
8	8	53.0	3	2	3.3	47.3	26.9	14.3	8.2	보기 >	보기 >	보기 >
9	2	53.0	3	1	47.0	3.4	8.2	23.0	18.3	보기 >	보기 >	보기 >
10	13	50.0	2	2	28.5	49.8	2.7	5.1	13.9	보기 >	보기 >	보기 >

　오답률이 높은 고난도 문항에 집착하지 말고, 다른 학생들도 쉽게 맞힌 정답률이 높은 문항을 우선순위에 놓는다.

3단계 반복되는 개념은 반드시 암기한다.

　수능시험 문제에 사용되는 개념은 반복적으로 등장한다. 객관식 시험의 특성상 자료나 문제에 사용하는 단어 즉, 출제자가 주는 힌트도 반복된다. 해설지를 비교하며 공부하는 것도 중요하다.

다운로드		
구분		**과목**
문제		국어 수학 영어 한국사 사회 과학 직업 제2외/한문
정답표		국어 수학 영어 한국사 사회 과학 직업 제2외/한문
해설지		국어 수학 영어 한국사 사회 과학 직업 제2외/한문

4단계 어려운 문제는 여러 강사의 해설 강의를 비교해서 들어본다.

어려운 문항은 내가 어떤 부분이 부족해서 틀렸는지 명확하지 않은 경우가 있다. 이럴 때는 동일한 문제에 대해 여러 강사의 강의를 들어보며 비교해보는 것이 좋다.

2장 • 수능, 30일 1개 등급 향상 비법 '수능플렉스'

문제은행 서비스를 활용한다.

반복 출제되는 부분 중 '현재 취약한 유형'을 선택해 학습할 수 있는 도구가 EBSi에도 있다. EBSi '인공지능 단추DANCHOO'가 그것이다.

EBSi에서 제공하는 인공지능 문제은행 단추 서비스를 활용하면 EBS에서 출간된 교재 문제와 수능시험 및 교육청 학력평가에 출제되었던 문항들을 단원별, 유형별, 난이도별, 출제 시험별로 간편하게 검색해서 풀어볼 수 있다.

또한 이 서비스를 활용하면 오답률 정보를 한눈에 알 수 있다. 다른 학생들이 몇 번 선택지를 오답으로 많이 선택했는지 파악하면 오답의 늪에 빠지지 않게 하는 일정한 기준을 세울 수 있다.

중위권 학생들은 오답률 정보를 바탕으로 기본개념을 묻는 문항을 집중적으로 학습해서 흔들리지 않는 기초점수를 우선 확보해야 한다.

상위권 학생은 이미 맞춘 문제를 반복해서 푸는 것은 자기만족 외에는 도움이 되지 않는다. 각 시험별로 오답률이 높은 5개 문항을 선택해 이를 집중적으로 학습하는 것이 보다 효율적이다. EBSi를 활용할 때도 채점 데이터를 기반으로 학습한다는 원칙에는 변함이 없다.

수능은 수능으로
준비하라

달리기를 잘하려면 달리기를 연습해야지 수영을 하면 안 된다. 노래를 잘하려면 노래를 연습해야지 역기를 들면 안 된다. 마찬가지로 수능을 잘 보려면 수능을 연습해야 한다. 수능시험을 가장 효과적으로 연습하는 방법은 앞서 이야기한 6월과 9월 모의평가, 수능시험 기출문제 학습을 통해 현재 자신의 취약 부분을 찾고 각 과목별로 3문제씩 더 맞히는 계획을 세우는 것이다.

⊚ 시험은 학문이 아니다
시험은 시험으로 준비해야 한다

예전에 수능시험을 끝내고 운전면허를 딸 때 있었던 일화이다.

1단계인 필기시험에 합격하고 2단계 장내주행시험을 준비하기 위해 운전면허 학원에 등록했다. 이때 학원에서 배운 것은 운전하는 방법이 아니라 시험에 합격하는 요령이었다. 예를 들면 후진하여 주차하는 코스에서 핸들을 두 바퀴 반을 돌린 후 진입하는 식이었다.

요령을 익힌 덕분인지 일주일 연습한 후 2단계 시험에 가볍게 통과했다. 당시 학원 강사가 해주었던 트럭 운전기사님의 이야기가 아직도 생각난다. 음주운전으로 면허가 취소된 그분이 다시 면허시험에 응시했는데 2단계인 장내주행에서 거듭 떨어지더라는 것이었다. 20년을 넘게 그것도 15톤 대형 트럭을 운전해 오던 기사님이 나 같은 초보자도 일주일이면 붙는 시험에 떨어지다니? 그 이유는 어이없게도 운전을 너무 잘했기 때문이었다. 장내주행은 센서에 의해서 자동으로 채점되는데 그분은 운전을 너무 능숙하게 해서 센서가 정지한 시점을 인식하지 못했던 것이다. 무엇을 준비하든 해당 과제의 평가 방식에 맞춰서 준비해야 한다는 사실을 말하고 싶다.

> "이번 수능에서는 적정 난이도를 유지하기 위해 전 영역에서 2020학
> 년도 수능 및 2021학년도 6월, 9월 모의평가 분석 결과를 토대로 난이
> 도를 조정하였다."
> "고등학교 교육의 정상화와 타당도 높은 문항 출제를 위하여 출제된
> 내용일지라도 교육과정에서 다루는 핵심적이고 기본적인 내용은 문
> 항의 형태, 발상, 접근 방식 등을 다소 수정하여 출제할 수 있도록 하였
> 다." (2021학년도 대학수학능력시험 보도 자료)

위 내용을 참고하면 수능시험의 학습 계획과 방향을 확인할
수 있다.

첫째, 수능은 전년도 기출문제와 당해 연도 6월과 9월 모의평
가 결과를 반영하여 난도를 조정한다. '이미 출제된 내용이라도
반복 출제한다'라는 문장에서 전년도 기출문제와 6월 9월 모의
평가의 중요성을 확인할 수 있다. 기출문제 풀이와 모의평가를
마치면 이를 통해 드러난 자신의 학습 데이터를 반드시 분석해
봐야 한다.

둘째, 기출문제에서 문항의 형태, 발상, 접근 방식 등을 다소
수정해서 출제한다는 부분이다. 수험생들은 수능시험 기출문

제를 통해 교과서 목차와 내용이 어떻게 시험에 반영되는지를 확인하고 이에 맞춰 공부해야 한다. 개념을 완벽히 이해한 후 기출문제를 공부하겠다는 계획은 당장 취소해야 한다. 대단히 비효율적인 방법이다. 기출문제 풀이를 통해 개념을 익히는 것이 가장 효율적이다. 기출문제를 만나면 1등급 달성이라는 꿈이 현실이 된다. 그만큼 기출문제는 중요하다.

실패에는 두 가지 종류가 있다고 한다. 하나는 나쁜 실패이고 다른 하나는 좋은 실패이다. 나쁜 실패는 계획도 안 세우고 노력도 안 하다가 실패하는 것이고, 좋은 실패는 계획도 철저하게 세우고 열심히 노력했는데도 실패하는 것을 말한다. 나쁜 실패는 수백 번 경험해도 성공의 문턱을 넘게 해줄 수 없다. 하지만 좋은 실패는 쌓이면 언젠가 성공의 희열을 맛보게 해준다.

성공의 밑거름이 되는 좋은 실패를 경험하자. 수험생들은 매월 시행되는 모의평가를 좋은 실패를 경험할 기회로 삼아야 한다. 실제 수능시험에서는 평소와 다른 방법을 과감하게 시도하기가 어렵다. 또 해서도 안 된다.

수학 성적이 낮은 학생이라면, 10회 이상의 기출 모의고사 모음집을 천천히 손으로 넘겨 가면서 소리 내어 읽어보자. 수학의 경우 1회 분량에 30개의 문항이 있으니 300문제를 소리 내어 읽는 것이다. 다 읽으면 형광펜을 들고 반복적으로 많이 나온 단어에 표시하라. 물론 수학 기호를 몰라 못 읽는 경우도 포함된다. 형광펜으로 표시한 바로 그 단어들이 반복 출제되는 개념들이며 앞으로 우리가 정복할 주제다.

이 과정을 통해 수능시험을 정확히 바라보는 눈이 떠진다. 성적이 낮다고 해서 못 보는 게 아니다. 형광펜만 들 수 있으면 된다. 무엇이든 대상의 본질을 이해하지 못하면 한없이 어려워 보이지만 본질을 알기만 하면 쉽게 보인다. 마법 같은 일이다. 수능시험도 마찬가지다. 본질을 이해하지 못하면 이리저리 휩쓸리다 십중팔구 방향을 잃는다. 하지만 기출문제라는 확고한 기준을 바탕으로 수능시험의 본질을 이해하면 자신이 나아가야 할 방향을 명확히 정할 수 있다.

수능은 수능으로 준비해야 한다. EBS 연계교재를 포함하여 수험생들이 푸는 그 밖의 모든 문제는 기출문제의 변형에 지나지 않는다.

🎯 똑똑한 기출문제 학습법 EBSi 문제은행 서비스
'인공지능 단추' 이용하기

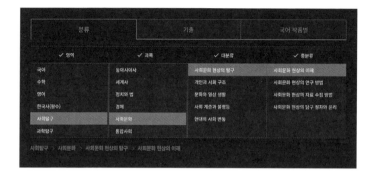

기출문제를 고르는 단계 중 단원 선택에서 자신이 학습하고
자 하는 단원 및 세부 목차를 선택한다. 그리고 문항 옵션에서
난이도에 맞는 문항을 지정하면 역대 기출 문항에 대한 정보와
함께 해당 문제들을 풀어볼 수 있음은 물론 '나의 시험지' 기능
을 활용해 자료를 저장하고 인쇄할 수도 있다.

자료에서 확인할 수 있듯, 오답률 정보를 통해 해당 문항의 객관적인 난이도를 확인할 수 있으며 시험에 반복 출제되는 주제를 한눈에 볼 수 있다.

가장 효과적인 문제 풀이 학습 순서를 알려주겠다. 오답률이 낮은 문항부터 시작해 오답률이 가장 높은 문항 순으로 공부하라. 그래야 노력 대비 최고의 효율을 기대할 수 있다. 문항 옵션을 통해 난이도를 단계별로 선택할 수 있다.

혼자 공부하기 어려운 문제들은 해설 강의를 활용해 공부하라. 수학, 미적분1을 공부한다고 해보자. 해당 메뉴를 통해 관련된 EBS 연계교재 문항을 선별적으로 학습할 수 있다. 수학의 경우 고3 학생들은 고2 기출 문항 정보도 반드시 확인해야 한다. 단원이 같더라도 학년별로 출제되는 난도가 다르기 때문이다. 자신이 취약한 부분에 해당하는 단원과 유형에서 고2 기출 문항을 찾아 활용하는 방법이 가장 효과적이다.

이처럼 EBSi에서 제공하는 자료들을 효과적으로 활용하면 문제를 재편집하는 번거로움 없이도 취약한 부분을 골라 선택적으로 공부할 수 있다.

기출로 시작해서 기출로 끝난다

EBS 연계교재를 비롯한 시중의 모든 문제집은 기출문제의 변형에 지나지 않는다. 수능시험은 기출에서 시작해서 기출로 끝난다. 매년 수능시험에 응시하면서 느끼는 점은 "정말 출제된 것만 출제된다"는 사실이다. 자료의 모양은 변할 수 있지만, 문제에서 묻고자 하는 본질에는 변함이 없다. "고등학교 교과 과정 내에서만 출제된다"는 출제원칙을 확인하면 이상할 것도 아니다. 수능 출제 본부에서 올해도 밝힌 바와 같이 앞으로도 이러한 틀은 변함이 없을 것이다. 과거를 통해 미래를 충분히 예측할 수 있다.

세상의 그 어떤 자료도 출제 기관에서 직접 만든 자료보다 중요하진 않다. 출제 기관에서 만든 기출문제는 이미 15년 치 이상, 막대한 분량이 누적되어 있다. 이것만 다 보아도 수능시험을 준비하기에 차고 넘칠 정도로 많은 양이다. 수능시험을 잘 보려면 수능을 공부해야 한다. EBS 연계교재를 비롯한 그 밖의 어떤 자료도 기출문제에 비하면 2순위에 불과하다.

학생들에게 항상 개념 공부는 기출문제 풀이를 통해서 하라고 말한다. 끝에서부터 시작하는 것이다. 일단 개념 공부가 되어있지 않다고 하더라도 5년 치 기출문제 자료를 풀어보면 어느 부분을 공부해야 할지 감이 생긴다. 눈으로 보면서 '아, 이런 개념을 묻는 문제는 매번 나오는구나'를 먼저 느낀 다음에 공부하는 것과 무작정 개념 공부를 하고 문제를 푸는 것과는 효율 면에서 큰 차이가 난다.

만약 여자 친구 생일에 피아노를 쳐야 하는데 생일이 한 달 뒤라면 어떻게 해야 할까? 악보도 볼 줄 모르고 피아노의 기본기도 되어있지 않은 상황이라면? 이런 것들을 다 익힌 다음에 하려면 1년이 지나도 부족하다 느낄 것이다. 그럴 때는 딱 한 곡을 정해 그냥 외워서 치는 방법밖에 없다. 이렇게 한 곡을 연주하고 나면 여자 친구나 주위 친구들은 '피아노 좀 칠 줄 아네?'라고 생각할 것이다. 이 과정에서 자신감과 흥미를 갖게 되고 다른 곡도 도전하고 싶다는 마음이 저절로 생긴다.

실력은 이렇게 발전하게 된다. 개념을 다 익히고 문제를 푸는 것이 아니다. 문제를 풀면서 개념을 익히는 게 빠르다. 시험 범위가 정해져 있다는 말 그대로, 시험에 출제되는 유형도 정해져 있다. 제한된 범위 내에서 공부를 하니까 성적도 빠르게 오르고 성취감도 느낄 수 있다. 이것이 기출문제를 활용해서 공부해야 하는 중요한 이유이다.

오답은 즐거워야 한다. 모의고사를 끝내고 온 학생들에게 모의고사는 모의고사일 뿐이라고 말한다. 실제 수능시험이 아니기 때문에 당장의 결과에 실망할 것이 아니라 개선해 나가면 그만이라는 뜻이다. 모의고사를 통해 학생들은 자신의 취약점에 대한 데이터를 확보할 수 있다. 오답 문항을 알게 되었다면 오답노트를 만들어서 오답을 객관화할 수 있는 기록으로 만들어 두자.

김미경 강사는 "실패라는 것은 없다 부족한 성공이 있을 뿐이다"라고 말한 적이 있다. 50% 성공, 60% 성공, 70% 성공들이 창고에 쌓여 있다가 부족한 나머지가 채워지면 완전한 성공으로 간다는 의미일 것이다. 생각의 전환이 중요하다. 이런 의미에서 볼 때 오답노트 작성은 오답을 정답으로 만들어나가는 과정이다.

물방울에 비유해보자. 잔잔하게 물이 찬 유리잔에 물방울이 계속 떨어지면 결국 언젠가 물이 차 넘치게 된다. 성공은 그렇게 언젠가 반드시 찾아온다. 그러나 그렇게 되기 위해서는 그 이전에 수많은 물방울이 쌓여서 유리잔을 가득 채워야 한다. 결코, 물방울 하나가 우연히 잔을 넘치게 하는 것이 아니라는 점을 기억할 필요가 있다. 물방울은 실패를 의미한다. 지속적인 실패가 모이고 모이면 반드시 성적 향상이라는 결과를 만들어 낸다.

성적 향상의 비결은 잘하는 것을 더 잘하는 데 있는 게 아니다. 부족한 부분을 개선하는 데 있다. 단기간에 성적을 급격히 올리는 학생들은 많은 문제를 풀고, 다양한 실수를 거치면서 개념을 명확하게 이해하는 과정을 반드시 거치게 된다. 그러니 이러한 과정을 알고 있는 학생들에게 오답은 즐거울 수밖에 없는 것이다. 자신의 부족한 점을 선생님보다 정확하게 알려주는 것이 바로 오답이기 때문이다.

홈런왕 베이브 루스가 이런 말을 남겼다. "스트라이크를 당할 때마다 나는 다음번 홈런에 더 가깝게 다가간다." 오답을 실패라고 생각하면 트라우마가 되지만 성공으로 가는 과정으로 생각하면 그 과정을 즐기게 된다. 그 모든 실패의 물방울이 성공의 잔을 가득 채우고 있기 때문이다. 기출 문제로 시작한 문제 풀이 학습을 통해 오답 속에 정답이 숨어 있다는 사실을 반드시 기억하자.

틀린 문제로 결과가 난다

　반드시 합격하는 시험의 기술은 무엇일까? 남들이 못 푸는 문제를 푸는 것이 시험의 기술인가? 아니다. 내가 풀 수 있는 문제를 확실하게 푸는 것이 합격하는 기술이다. 항상 똑같은 성적을 뛰어넘어 성적 향상이라는 변화를 만드는 비밀을 찾아야 하는데, 그 비밀은 틀린 문제에서 찾을 수 있다. 살다 보면 성공보다 실패에서 배우는 것이 더 많다. 실패 자체는 중요하지 않다는 의미도 담고 있다.

　그럼 실패를 한 다음에 어떻게 하느냐? 실패의 효율을 높이려면 실패 이후가 중요하다. 모든 실패에서 자연스럽게 배우게 될 테지만 이왕이면 하나의 실패에서 바로 배우는 게 효율적이다.

실패한 다음에 같은 실수를 반복하지 않으려면 실패를 되돌아볼 줄 알아야 한다. 실패가 기분나쁘고 창피하다고 해서 뒤돌아보지 않고 앞만 보고 달려가다 보면 언젠가 또 똑같은 실수를 반드시 반복하게 된다. 그게 실제 수능시험날 벌어지지 않으리란 보장이 있는가? 내 풀이가 틀렸을 때 왜 틀렸는지를 확인하고 생각해봐야 한다. 이럴 때 유용한 기술이 기록하는 습관이다.

틀린 문제를 기록하는 오답 노트는 단순히 오답을 기록하는 노트가 아니다. 두 번 다시 반복하지 말아야 할 나의 잘못된 사고 패턴 모음집이라고 할 수 있다. 오답 노트는 잘못된 사고 패턴을 반복하는 걸 방지해 주는 역할을 한다.

수능시험에 출제 가능한 모든 개념과 유형은 기존에 출제되었던 기출문제에서 벗어날 수가 없다. 그래서 기출문제의 범위가 곧 수능시험의 범위라고 할 수 있다. 기출문제 풀이 학습을 통해 출제 가능한 모든 개념을 빠짐없이 학습할 수 있다.

수능시험 강의를 하면서 학생들에게 가장 많이 하는 말이 있다. "실수가 곧 실력이다. 모의고사 점수를 객관적으로 받아들여라"라는 말이 그것이다. 고3 수험생들은 매년 수능시험을 포함해 7회의 시험을 치르는데, 학교별로 시행하는 사설 모의고사와 개인적으로 공부하는 EBS 연계교재(수능특강, 수능완성)까지 더한다면 학습량이 대단히 많아진다. 그러나 많은 학습량에 비해 학생들의 성적이 오르지 못하는 이유는 따로 있다.

그것은 학생들이 자신의 점수를 객관적으로 바라보지 않기 때문이다. 틀린 문제를 두고 하는 가장 흔한 변명은 실수했다는 것이다. 국어 문제에서 선택지를 잘못 분석하거나, 수학 문제에서 계산 오류를 범하거나, 영어 문제에서 어휘를 혼동하는 것은 실수가 아니다. 그것이야말로 진짜 수능 실력에 해당한다.

실력을 실수로 착각하기 때문에 공부를 하고도 성적이 오르지 않는 악순환을 반복한다. 아무리 공부법이 다양하다고 하더라도 자신의 실력을 객관적으로 파악하지 못하면 사상누각에 불과하다. '실수를 포함한 나'를 정확히 아는 것은 모든 공부법의 기초가 된다.

한 가지 더 지적할 점은 공부 편식 성향이다. 흔히 잘하는 부분은 자신감을 가지고 더욱 열심히 공부하려고 한다. 예를 들면 국어영역에서 문학을 잘하는 학생이 문학 문제에 더 많은 시간을 할애한다거나, 수학영역에서 성취도가 좋은 특정 단원에 공부를 집중하는 것이 이에 해당한다.

수능시험은 출제되는 부분이 매번 정해져 있는 만큼 자주 틀리는 문제를 해결하지 못하면 결국 일정 점수 범위를 넘지 못하고 정체된다. '틀리는 문제는 항상 틀린다'는 사실을 명심하고 취약점을 극복하는 데 시간과 노력을 최대한 투자해야 한다.

현재 내 위치에서 수능시험 성적이 향상되는 과정을 공개하겠다.

1단계, 틀린 문제의 경우 개념, 즉 단어에서 막혔던 부분이 반드시 존재한다. 그 단어의 뜻을 이해하기 위해 사전을 찾거나 교과서 및 개념서를 확인해보는 것이 일단 공부의 첫 시작이다.

2단계, 확인한 다음에는 해당 개념을 자신에게 완벽하게 설명할 수 있어야 한다. 수능시험 공부에 있어서 인터넷 강의를 듣거나 개념서를 정독하는 것은 종착지가 아닌 정거장에 불과하다. 인풋 INPUT은 아웃풋 OUTPUT이 있어야 비로소 의미가 있다. 결과물이 없는 단순한 입력은 아무런 의미가 없다. 자신에게 완벽하게 설명할 수 있을 때 비로소 "공부가 되었다"라고 말할 수 있다.

언젠가 한 격투기 챔피언이 격렬한 시합이 끝난 직후에도 대기실에서 쉬지 않고 연습하는 모습을 보며 적잖은 충격을 받은 적이 있다. 모든 에너지가 방전된 순간에도 자신의 실수를 점검하고 더 나아지기 위해 연습하는 모습을 보고 존경심이 절로 들었다. 반면 평범한 학생들 대부분은 이렇게 생각한다. '오늘은 모의고사를 봤으니 힘들어서 쉬어야겠다', '너무 열심히 시험을 보느라 방전되었군, 오늘은 쉬어야겠다.'

모의고사를 보면서 수능시험 체제에 맞춰 실전 시뮬레이션을 해보는 것 이상으로 중요한 것이 자신의 취약점을 찾고 개선하는 일이다. 시험을 치른 직후 현재 자신의 취약점이 눈앞에 드러나 있는데도 당장 보완해야겠다는 생각보다 쉬고 싶다는 생각이 먼저 든다는 것은 목표에 대한 절실함이 부족하기 때문이다. '내가 아까 펀치를 날려야 할 순간에 잽을 날렸구나, 지금 다시 그 상황을 상상하며 펀치를 날려보자!'라고 생각하는 선수와 '오늘은 힘드니까 나중에 천천히 연습하지 뭐, 다음 경기 땐 아마 실수하지 않을 거야'라고 '머릿속으로만' 생각하는 선수 중 누가 자신의 목표에 더 가까이 있을까? 그냥 '운'에 모든 것을 맡기고 '실전에선 뭔가 다를 거야'라는 허황된 상상만으로 시간을 흘려보내고 있진 않은지 냉철하게 한번 뒤돌아보자.

500조각짜리 고흐의 '해바라기' 그림 퍼즐을 맞췄던 경험이 있다. 처음 퍼즐 상자를 열었을 때 무척 황당했다. 그림에 대한 설명은 전혀 없고 퍼즐 조각들만 가득 있었기 때문이다. 어디서부터 어떻게 시작해야 하는지 몰라 우선 비슷한 색깔끼리 모아봤다. 그러다 보니 일정한 모양의 패턴이 있음을 발견했고, 패턴의 모양을 쉽게 파악할 수 있는 맨 가장자리 조각부터 하나씩 맞춰나갔다. 그러자 그림이 조금씩 완성되는 모습을 보게 되었고 점점 자신감과 재미를 느꼈다. 결국 막연하고 복잡하게만 보였던 퍼즐을 순조롭게 완성할 수 있었다.

이 경험을 이야기한 이유는 수능시험 공부도 퍼즐과 똑같다는 생각이 들었기 때문이다. 언제나 시작이 가장 불안하고 두렵고 어렵다. 하지만 일단 제대로 시작하면 점차 부족한 부분을 채워 나가는 재미를 느끼게 된다. 그렇게 몇 조각 남지 않은 시점이 오면 반강제(?)로 목표를 달성(성공)하게 된다.

어떤 일을 시작하지 못한다는 것은 내게 그것을 할 수 있는 능력이 없다는 말이 아니다. 아주 작은 것일지라도 일단 시작하겠다고 결심하고 걸음마를 떼는 것이 가장 중요하다. 그리고 그 시작점의 두려움을 극복해야 한다. 내 공부량이 계속 밀리고 목표에서 멀어지는가? 돌이켜 생각해보자. 무언가를 제대로 시작한 적이 있는지. 불안하고 두려운 마음에 수학 문제집 첫 챕터 몇 페이지만 열심히 풀고 덮어두진 않았는지. 틀린 문제가 문제집을 덮는 데 큰 역할을 하지 않았는지. 이제부터는 틀린 문제를 기뻐하자. 성적 향상이라는 목표에 이르는 길에 디딤돌이 되어주는 것은 바로 틀린 문제이기 때문이다. 이 말을 반드시 기억하자.

2022 수능만점 이순신

3장

성적 향상 공부 방법
'12주 완성'

시작과 끝은
모의고사 10회

수능시험을 처음 공부하는 학생들에게 현재 성적과 관계없이 '지난 10회분 기출문제 풀기'를 숙제로 내준다. 그러면 현재 자신의 위치를 객관적인 점수와 등급으로 파악할 수 있기 때문이다. 자, 앞서 누차 이야기했다. 이때 자신의 생각보다 점수가 낮게 나왔다고 하는 학생들이 공통적으로 하는 말이 뭐다? 그렇다. "실수로 틀렸다"이다. '실수'를 '실력'으로 보지 않는데 어떻게 실력을 올릴 수 있을까?

기출문제 10회분 풀기는 1회성으로 끝나지 않고 그 이후로도 계속된다. 개념 학습을 먼저 하고 기출문제를 풀면 안 되겠냐고 질문하는 학생들도 있다. 하지만 그보다 시급한 것은 현재 자신의 위치를 파악하고 취약 부분을 진단하는 것이다. 기출문제 10회분 풀기가 반복될수록 학생들은 시험에 자주 출제되는 단원과 유형에 익숙해지게 된다. 그러나 여기서 끝이 아니다. 데이터가 축적되면 학생 개개인의 취약한 부분을 파악할 수 있다. 흔히 학생들이 '실수'라고 말하는 부분은 데이터에 따르면 '취약 부분'인 경우가 대부분이다. 데이터는 거짓말을 하지 않는다.

데이터를 기반으로 공부하지 않으면 성적 향상에 필요한 공부의 절대량을 이해하지 못한다. 결국 슬럼프가 찾아오게 되고 공부에 대한 흥미를 잃게 된다. 그러나 누적된 데이터를 통해 반복 출제되는 단원과 개념을 눈으로 확인하고 자신의 취약 부분을 학습의 우선순위로 배치한다면 목표가 보다 구체적으로 세워진다. 그렇다면 이제 남은 것은 뭘까? 취약 부분을 극복할 수 있는 공부의 절대량을 소화하는 것뿐이다. 이렇게 체계적으로 계획을 세우고 공부하면 슬럼프가 끼어들 틈이 없다. 슬럼프는 할 일이 없을 때, 무엇을 먼저 해야 할지 모를 때 찾아온다.

기출문제를 통해 수능시험이 요구하는 평가 요소에 익숙해지면 과목별 성적은 쉽게 3등급 이내로 진입한다. 다음 목표는 2등급 이내 진입이다. 여기서부터는 내용 이해가 아닌 주어진 자료 분석에 집중해야 한다. 핵심은 자신이 정답을 선택한 근거와 출제자의 출제 이유를 비교해보는 것이다. 개념을 잘못 이해해답이 틀리게 된 최초의 부분, 일명 '오개념'을 찾아서 교정하는 과정을 거친다.

기출문제 풀이 과제를 진행하다 보면 틀리는 부분을 반복적으로 틀린다는 사실을 알게 된다. 이것은 개념 이해가 부족한 것도 원인이지만 자료를 객관적인 출제 의도에서 벗어나 주관적으로 해석하기 때문이기도 하다. 따라서 수능시험을 준비할 때는 문제 풀이와 개념 학습을 함께해야 한다. 국어영역의 경우 스스로 잘못 이해하는 '자의적 해석'을 방지하기 위해서는 주어진 자료를 판단의 기준으로 삼아야 한다. 국어영역을 예로 든 이유는 문학 작품의 경우 수능시험의 본질을 이해하지 못하면 공부의 양을 무한히 늘려도 결국 성적이 향상될 수 없기 때문이다.

수능시험의 본질은 배경지식의 이해가 아니라 주어진 자료의 해석에 있다. 문학 작품과 관련한 문제들은 자의적 해석을 방지하기 위해 객관적인 근거를 제공한다. 예를 들어 시와 소설 지문의 경우 〈보기〉에 제시된 자료를 통해 주제와 작가의 생각, 창작 배경 등 객관적인 판단의 근거를 제공한다. 낯선 작품이 등장했다고 하더라도 객관적 근거로 문제를 분석하면 명확한 기준을 바탕으로 정답을 찾을 수 있게 된다.

한 가지 더, 기출문제를 푼 후 오답노트를 만들 때는 반드시 자신이 답을 고른 이유를 종이에 적어야 한다. 자신의 생각을 시각화함으로써 객관적으로 관찰하고 교정할 수 있기 때문이다. 자신이 오답을 고른 이유를 종이에 적고 출제자의 생각과 비교하는 과정을 통해 '출제자의 눈'을 얻을 수 있다. 다소 귀찮더라도 손으로 직접 종이에 적어야 하는 이유는 머릿속으로만 생각하고 있으면 알고 있는 부분과 모르는 부분을 명확하게 구분할 수 없기 때문이다.

공부는 알고 있는 부분과 모르는 부분을 구분하는 것에서부터 출발한다고 했다. 기출문제를 푸는 이유는 정답을 많이 맞혀서 뿌듯함을 느끼고자 함이 아니다. 오히려 자신이 모르는 부분을 확인하고 주관적인 판단 기준을 객관적인 판단 기준에 맞게 사고 회로를 교정하기 위함이다. 그러기 위해서는 문항 해설 자료와 수능 출제 기관인 한국교육과정평가원 보도 자료를 바탕으로 출제자의 의도에 맞게 문제를 분석한 후, 해당 필수 개념을 공부해야 한다.

무엇인가를 잘하게 되는 과정

　쉬는 시간이면 학생들은 스마트폰으로 게임을 많이 한다. 수업 시간에는 하품을 하던 학생들도 게임을 할 때는 눈빛이 달라진다. 공부는 머리 아파하면서 그 복잡한 게임은 어떻게 그렇게 집중해서 하는지 참 신기하다. 게임을 처음 할 때부터 재미있었느냐고 물으면 대개 처음에는 어떻게 하는 줄 몰라서 재미가 없었다고 대답한다. 그런데 시간이 지나면서 자신만의 방법을 익히고 점점 잘하게 되니까 도저히 끊을 수가 없더라는 것이다.

　비단 게임만이 아니다. 학생들에게 자신이 잘하거나 재미있어하는 일을 꾸준히 하게 된 과정을 물으면 대개 비슷한 대답이 돌아온다. 악기를 연주했던 경험이나 수영과 태권도와 같은 운동 종목에서도 예외는 없다. 다시 말하자면 대상 그 자체에 재미 요소들이 있기보다는 단계를 거쳐 실력이 쌓이면서 재미를 느낀다는 공통된 규칙이 존재하는 것이다. 게임을 처음 할 때 "이 게임은 나한테 어려울 것 같아, 나는 원래 게임을 잘 못하잖아?"와 같은 부정적인 생각으로 시작하는 학생은 없다. 이 게임은 어떤 게임인지 일단 부담 없이 시작한 후 방법을 익히고 발전하는 과정을 통해 자연스럽게 몰입하게 된다. 공부라고 다를 리 없다.

공부도 게임처럼 재미있을 수 있다. 공부를 통해 몰입을 느낄 수 있고 이 몰입을 통해 재미를 느낄 수 있다는 말이 보다 정확할 것이다. 게임에 재미를 붙일 때도 게임 요령을 익히는 시간이 있어야 하는 것처럼 공부에 재미를 붙일 때도 공부 요령을 익히는 시간이 필요하다. 다만 게임과 달리 공부는 처음이 가장 어렵다(대부분 이 단계에서 낙오한다). 조금 재미없고 지루할 수 있는 이 기간을 통과하면 갑자기 눈앞이 확 밝아지는 것처럼 공부가 재미있어지는 순간이 찾아오는데, 이것을 '터널 통과 구간'이라고 부른다.

고속도로를 달리다 보면 종종 터널을 통과한다. 터널에 들어가면 주위가 어두워진다. 터널이라는 낯선 환경에서 벗어나는 방법은 터널 끝에 보이는 희미한 빛을 따라가는 것이다. 갑갑하다면 더욱 속력을 내 빠르게 터널을 통과하는 것도 좋은 방법이다. 하지만 불안하다고 속도를 줄이거나 방향을 바꾸면 시간이 오래 걸릴 뿐만 아니라 자칫 영영 터널에서 벗어나지 못할 수도 있다. 무언가를 처음 배워 가는 시기는 터널을 통과하는 것처럼 낯섦을 익숙함으로 바꾸는 시기이다. 이 시기를 조금만 참고 견디면 반드시 터널을 통과할 수 있다. 나는 할 수 있다는 확신을 가지고 박차를 가하면 반드시 빛을 볼 수 있다.

많은 학생들이 공부에 어려움을 느끼는 이유는 이 답답한 터널 통과 구간을 견디지 못하기 때문이다. 처음부터 포기해서 통과를 못하면 그나마 억울하지는 않다. 안타까운 점은 어떻게 공부를 해야 하는지 몰라 길을 헤매고 노력은 노력대로 하면서도 결국 터널을 통과하지 못한 채 수험생활을 마감하는 것이다. 그런 학생에게 남는 건 공부란 결국 '재미없고 노력해도 안 되는 것'이란 상처뿐이다. 인생을 살면서도 결코 좋은 경험은 아니다.

하지만 똑같은 이유로 성공하는 수험생들에게는 수험생활이 오히려 인생에 찾아보기 드문 좋은 기회가 된다. 누구나 쉽게 공부에 흥미를 느끼고 잘할 수 있다면 공부 외에 또 다른 스펙으로 자신을 차별화해야 할 텐데, 그건 올림픽에 나가 최정상급 실력자들을 이기고 메달을 따는 것만큼이나 어렵기 때문이다. 공부는 어떤가? 대부분의 학생들이 공부하기 싫다고 초반에 자발적으로 떨어져 나간다. 조금만 참고 버티면 남들보다 유리한 고지를 쉽게 차지할 수 있고, 인생을 바꿀 수 있는 게 바로 '공부'다.

단언컨대 어떤 영역에서도 공부만큼 쉽게 남들을 앞서 나갈 수 있는 분야는 없다. 천부적인 운동신경을 가진 경쟁자들과 경쟁해서 올림픽에 출전하고, 재능을 꽃피워서 유명한 예술가가 되는 것과 열심히 공부를 해서 성적을 올리는 것 둘 중 어떤 게 더 쉬울까? 앞서 말한 전문 분야는 재능과 흥미를 모두 가진 사람들과 경쟁해야 하지만 공부는 공부에 재능도 없을뿐더러 공부를 싫어하는 사람들과도 경쟁하는 분야라는 점을 기억하자.

비행기는 이륙 구간에서 연료의 50%를 사용한다고 한다. 5분에서 10분 남짓한 이 구간에서 연료와 엔진 출력을 최대로 가동해 에너지를 집중시키는 것이다. 이 구간을 잘 넘기면 이후에는 안정적으로 목적지까지 도착할 수 있다. 시작이 어렵기는 공부도 마찬가지다. 낯섦을 익숙함으로 만드는 터널 구간을 잘 통과하는 것이 중요하다.

한번 터널을 통과한 사람은 터널에 대한 막연한 두려움이 사라지게 된다. 과거에 인내심을 가지고 터널을 통과했던 경험을 바탕으로 또 다른 터널을 통과하고, 각 터널을 지날 때마다 능력은 더욱더 발전하게 된다. 이 단계가 되면 공부에 재미를 붙이게 되는 것은 당연하다. 그 사람의 인생은 어떨까? 남들보다 먼저 최대한 많이 실패해보고 터널 통과 능력이 향상되었을 뿐만 아니라, 남들보다 먼저 성공을 맛본 사람은 인생에서도 성공할 확률이 굉장히 높아진다.

공부량이 늘어나면
자신감이 만들어진다

　많은 학생이 고3을 버텨야 하는 시기로 오해하고 있다. 고3은 버텨야 하는 시기가 아니라 자신의 꿈에 다가가는 시기이다. 고3은 1년 뒤, 자신이 되고 싶은 모습을 상상하고 그 목표에 닮아가는 시간이다.

　단순히 더 큰 애벌레가 되고 싶은 애벌레와 화려한 나비를 꿈꾸는 애벌레는 큰 차이가 있다. 나비를 꿈꾸는 학생의 하루는 육체적으로는 힘들지만 정신적으로는 확신으로 충만하다. 이렇게 생각하면 고3은 버티는 시기가 아니라 보람으로 가득 찬 시기가 된다.

　애플 창업주 스티브잡스의 말처럼 "아무 의미 없는 경험은 없다" 단언컨대 없다. 청춘멘토 황선찬 작가님은 힘든 시기를 터널에 비유했다. "옛날 영화를 보면 기차가 터널을 들어갈 때 반드시 기적을 울려요. 터널만 만나면 기적을 울리니까 터널이 기적 소리를 만드는 거라고 할 수 있죠. 기적 소리를 우리 삶의 기적에 비유하면 기적은 어두운 터널을 만나야 비로소 일어나는 겁니다. 그래서 고3 시기는 앞이 보이지 않지만 일단 지나고 나면 더 밝은 행복이 기다리고 있죠."

어쩌면 고3 시기는 힘들게 버텨야 하는 시기가 아니다. 노력 여하에 따라 가장 행복한 시간이 될 수도 있고 그 반대일 수도 있다. 많은 수험생들이 내일을 위해 오늘을 버려야 한다고 생각한다. 그러나 오늘을 버리면 내일도 오지 않는다. 오늘의 노력이 있어야 내일의 자신이 성장할 수 있는 것이다.

"과거는 이미 흘러갔고 미래는 아직 오지 않았다. 우리가 누릴 수 있는 시간은 오직 현재Present 뿐이다. 선물Present로 받은 오늘을 버티려고 하지 말고 즐기려 해보아라"라는 말처럼 고3은 버텨야 할 시기가 아니라 누려야 할 시간이다.

공부의 중요성은 아는데 공부가 잘 안된다고 말한다. 예전에는 학생 상담을 할 때 내 이야기를 많이 했다. 그런데 이제는 일단 학생의 이야기를 먼저 듣는다. 질문 속에 이미 답이 있기 때문이다. 학생 스스로도 알고 있다. 공부를 해야 한다는 것을. 공부가 잘 안된다고 말하는 학생들은 열심히 하고자 하는 의욕은 있는데 자신의 역량은 그에 못 미치기 때문에 좌절한다. 이런 학생들은 고민만 하고 시도는 별로 하지 않는다는 공통점이 있다.

공부를 왜 해야 하는지도 몰라 방황하는 친구들에 비하면 절반의 문제는 해결된 거나 마찬가지다. 왜? 공부만 하면 되니까. 공부는 어렵기 때문에 할 가치가 있다. 예를 들면 수학 공부가 쉬워서 모두 90점 이상을 맞는다면 100점을 맞은들 그게 큰 의미가 있을까?

걸음마를 이제 막 뗀 어린아이에게 달리기 대회에 나가라고 등을 떠밀 수는 없다. 공부에도 성장의 단계가 있다. 무슨 일이든 처음부터 잘할 수는 없다. '생활의 달인'이라는 TV 프로그램을 보면 달인 역시 수많은 반복과 시행착오를 거쳤다. 우리에게는 조급한 마음과 성적을 올리고 싶은 열정을 구분할 수 있는 안목이 필요하다.

공부가 잘 안되는 이유는 여러 가지가 있겠지만, 첫째로는 실제로 공부에 들이는 물리적인 시간이 길지 않은 경우가 대부분이다. 둘째로는 자리에는 앉아 있지만 실제로 집중하는 시간이 짧은 경우고, 셋째로는 그 내용을 습득하기 위한 기초 공사가 부실한 경우다.

공부는 원래 생각한 대로 당연히 잘 안 된다. 그렇다면 안 되는 공부를 쉽고 재미있게 할 수 있는 방법을 찾아야 한다. 예를 들면 친구들과 계획을 세우고 같이 하거나, 어려운 공부를 참고 열심히 했으면 잘한 나에게 어떤 선물을 주는 것도 좋은 방법이다.

공부를 잘하려면 공부 계획을 구체적으로 짜고 많은 유형의 문제를 접해보면서 스스로 취약한 부분을 찾아내야 한다. 그리고 이를 개선하기 위해 노력해야 한다. 이는 공부의 신이라고 해도 피해 갈 수 없는 공부의 정석이다. 즉, 시도한 양이 많아져야 비로소 이 과정에서 방법과 내용이 익숙해지는 단계를 거쳐 자신감을 얻게 되는 이른바 '달인'의 경지에 오르는 것이다. 따라서 우선 최대한 많이 해야 잘하게 된다.

일일 공부 기준과
실천의 중요성

목표를 정한다는 것

슬럼프에 빠지게 되는 여러 이유 중 하나가 일일 공부 기준의 부재, 즉 목표가 없는 상황이다. 원하는 목표가 없으니 이뤄지는 게 없고 이뤄지는 게 없으니 공부가 재미없다고 느끼는 것이다. 일일 공부 기준을 마련하면, 결과에 집중하는 것이 아닌 과정에 집중할 수 있게 된다. 슬럼프는 이러한 과정을 통해 극복할 수 있다.

청춘멘토 황선찬 작가의 《사하라로 간 세일즈맨》을 보면 이런 내용이 나온다. "볼링을 칠 때는 볼링 핀이 아니라 에임 스폿

aim spot을 보고 쳐야 한다." 공부도 마찬가지다. 막연하게 1등급만 목표로 하기보다는 명확한 자신만의 에임 스폿을 만들면 바로 그것이 공부의 기준이 된다.

자신만의 기준이 있으면 지치지 않는다. 시험이 쉽건 어렵건 스스로 정한 기준을 지키면 되기 때문이다. 목표가 크고, 장기적일수록 나에게 주어진 오늘, 한 달 후, 1년 후에 해야 할 과제에 집중해야 한다. '지금, 여기서' 해야 할 오늘 과제를 실천하면 결코 슬럼프에 빠지지 않는다.

세일즈의 신이기도 한 황 작가는 "세일즈를 하다 보면 사람을 만나야 하거든요. 하루에 5명을 만나겠다는 기준을 정하고 지키면 슬럼프가 없어요. 그런데 몇 명 만나지도 않고 좋은 실적을 내려고 하면 성과가 없다고 실망하는 거죠. 에임 스폿과 같은 기준은 걱정과 슬럼프를 없애주는 명약이에요"라고 말했다.

공부에서는 에임 스폿을 어떻게 정할 수 있을까? 구체적으로 이야기해보자. 학생들에게 수학 문제를 하루에 30문제씩 풀면 1등급, 20문제씩 풀면 2등급, 10문제씩 풀면 3등급을 받을 수 있다고 말한다. 하루 30문제라고 하면 한 달이면 900문제 분량을 공부할 수 있다. 이 정도 기준을 달성하면 충분히 1등급을 달성할 수 있다. 이것이 수학 공부에서의 에임 스폿이다. 다른 과목도 마찬가지 원리로 적용된다.

이렇게 자신만의 명확한 기준이 있는 학생들은 모의고사 성적이 잘 안 나왔다고 실망하거나 오늘 무엇을 할지 몰라 슬럼프에 빠지는 일이 없다. 성적이 잘 안 나온 원인은 기준을 달성하지 못했기 때문이라는 것을 수치로 확인할 수 있기 때문이다. 언제든 다시 공부에 집중할 수 있다. 이처럼 기준이 명확하면 실행 여부만을 확인하면 되기 때문에 불필요한 주관적 판단과 감정이 사라진다.

기억할 말은 "매 순간 최선을 다하면 슬럼프는 앉을 곳이 없다"라는 것이다.

⊚ 힘들었던 고3 시기가 삶의 버팀목이 된다

매년 3월, 6월, 9월, 11월에 전국 단위 모의고사를 본다. 시험을 본 많은 학생들이 성적이 좋지 않게 나왔다고 고민한다. 그런 학생들에게 이렇게 질문한다. "1년 뒤 모습을 상상했을 때 오늘에 만족할 수 있겠는가?"

수험생활은 자신이 되고 싶은 1년 뒤의 모습을 구체적으로 그리고 그 모습에 다가가는 시간이다. 학생들과 컨설팅을 하다 보면 처음에는 막연했던 꿈이 시간이 지나면서 구체적인 현실로 변했다는 이야기를 많이 듣는다. 이 과정을 통해 체득한 꿈에 다가가는 습관이 대학생활과 사회생활에 큰 도움이 되었다는 제자의 이야기도 생각난다.

지난 경험을 돌이켜 생각해보면, 고등학교 3학년 때까지 공부를 거의 안 하다시피 해서 재수 때 정말 치열하게 공부해야만 했다. 그때의 경험들이 모여 나중에 대학생과 사회인이 되어 어려운 일을 당했을 때 이겨낼 수 있는 버팀목이 되었다는 사실을 당시에는 알 수 없었다.

고3이라는 시기는 결과만 놓고 보면 소모적인 시간이 된다. 종일 책상에 앉아 불확실한 미래를 위해 시간을 보내야 하기 때문이다. 이 시기가 생산적인 시기가 되려면 그 과정에서 의미를 찾아야 한다. 노력한 만큼 강하게 단련되고 성장하는 나를 느껴보자. 이따금 나태해질 때면 치열했던 20대를 떠올리며 마음을 다잡는다. 비행기는 공기저항 없이 단 1m도 날 수 없는 것처럼, 치열했던 시기가 있었기 때문에 지금의 내가 있다고 생각한다.

"1년 뒤 나의 모습은 어떤 모습인가?" 스스로에게 던지는 이와 같은 물음을 항상 잊지 말고 지금 내게 주어진 하루를 충실히 보내자.

등급별 공부법이 존재한다

공부의 기초가 없으면 '먼저 외우고 나중에 이해'하는 방법이 효과적이다. 구구단을 처음 외울 때 이해를 하고 외우는 사람은 드물다. 공부를 시작하는 출발점에서는 구구단을 외울 때처럼 '선 암기 후 이해'의 방식으로 접근해야 효율적이다. 수학을 처음 공부하는 단계에서 처음부터 원리를 완벽하게 이해하려고 하면 자칫 수학에 대한 흥미를 잃을 수 있다. 구구단을 외울 때처럼 필수 용어와 개념을 암기한 후 기초문제부터 심화문제까지 많은 문제를 풀어 가면서 원리를 이해하는 쪽이 더 효과적이다.

초등학교 2학년 때 일이다. 당시 플라스틱 책받침 앞면에는 로봇 캐릭터가 그려져 있었고 뒷면에는 구구단이 적혀 있었다. 숙제로 구구단을 암기하기 위해 책받침을 들고 다니면서 계속 중얼거렸는데 그 당시 곱셈의 원리와 내용을 이해하며 외우지는 않았다. 지금 생각해보면 '선 암기 후 이해'의 방식이었다. 아마도 다들 이 방법을 경험했을 것이다.

고등학교 수학이라고 해서 다르지 않다. 초등학교 2학년 눈높이에서 '구구단'을 처음 접한 낯섦이나 고등학생이 되어 수능 첫 단원을 처음 접한 낯섦이나 비슷하지 않을까? 문제는 초등학교 때 구구단을 암기했던 것처럼 낯섦을 익숙함으로 바꾸기 위한 실행력이 고등학교 때는 부족하다는 점이다. 아무리 훌륭한 음식이 눈앞에 있어도 직접 먹어봐야 맛을 알 수 있다. 이러한 공부 패턴은 수학을 공부하는 학생이라면 누구나 거쳐야 하는 과정이다.

유치원 때 타던 자전거에는 조그만 보조 바퀴 2개가 달려 있었다. 자전거 타기에 익숙해졌을 때쯤 아버지께서는 한쪽 보조 바퀴를 빼주셨고 조금 더 익숙해졌을 땐 나머지 바퀴마저 빼주셨다. 물론 두 바퀴로 자전거를 타기 시작했을 때도 그다지 능숙하진 않았다. 처음에는 자꾸 넘어졌지만 포기하지 않고 계속 노력을 하다 보니 언제부터인가 자전거 타기를 즐기게 되었다.

이렇듯 무엇인가 처음 시작할 때는 첫발을 떼는 실행력이 무엇보다 중요하다. 실행력의 중요성에 대해 경영 컨설턴트로 유명한 간다 마사노리는 이렇게 말했다.

"성공하기 위한 노하우가 분명한데도 실제 행동에 옮기는 사람은 1%밖에 되지 않는다.
그러므로 성공하는 것은 간단하다."

구구단 암기나 자전거 타기와 마찬가지로 무엇인가를 잘하기 위해서는 지속적으로 행동에 옮기는 절차를 통한 숙달의 과정이 반드시 필요하다. 처음에는 낯선 것도 반복하다 보면 잘하게 되고 잘하게 되면 재미를 느끼게 된다. 즉, 재미가 있어서 잘하는 것이 아니라 잘해서 재미를 느끼게 되는 것이다. 무엇이든 잘하기 전까지는 재미가 없다. 이 과정과 순서를 알고 있지 못하면, 매번 작은 어려움에 부딪히기만 해도 곧바로 행동에 옮기기를 멈추게 되는 것이다.

실행력과 더불어 중요한 것이 지속력이다. 자전거를 탈 때는 페달에서 발을 떼지 말아야 한다. 계속 페달을 밟으라는 의미가 아니다. 발을 떼지 않는 것이 중요하다. 평지에서 자전거를 타다가 페달 밟기를 멈추면 자전거는 속도가 줄어들다가 중심을 잃고 쓰러진다. 하지만 내리막에서처럼 일정한 속도가 붙은 뒤에는 핸들만 정확하게 잡고 있으면 쓰러지지 않는다.

자전거를 타본 경험이 있는 학생이라면 누구나 쉽게 이해할 수 있을 것이다. 자전거가 쓰러지려는 위기 상황에서 벗어나는 가장 좋은 방법이 뭘까? 자전거가 기울어지는 방향으로 핸들을 더 틀고 페달을 더 세게 밟아 속력을 높이는 것이다. 공부도 마찬가지다. 매일 15시간씩 노력할 수는 없다. 하지만 공부가 일정 궤도에 오르면 공부에 대한 생각을 놓지 않는 것만으로도 현상 유지가 가능하다. 그리고 공부에 위기가 올 때면, 집중해서 더 노력을 기울이는 것으로 위기 상황을 빠져나오고 다시 정상 궤도에 오른다.

공부를 잘한다고 소문난 친구들은 정말 많은 시간을 공부에 투자한다. 잘 쉬지도 않는다. 공부를 잘하는 학생은 좀 쉬고, 공부를 못하는 학생이 오히려 더 열심히 해야 할 판인데도 말이다. 공부를 못하는 학생은 공부가 재미없어서 공부를 덜 하고, 공부를 잘하는 학생은 공부가 재미있어서 공부를 더 한다. 둘 사이의 격차는 어지간해서는 좁혀지지 않는다. 전교 1등이 계속 전교 1등을 하는 데는 다 이유가 있다. 한 번쯤 실수를 할 법도 한데 1등을 놓치지 않는다. 공부에 있어서도 부익부 빈익빈 현상이 나타나는 것이다.

나 역시 성적이 낮았을 때는 몰랐지만 성적이 차츰 올라가면서 공부의 부익부 빈익빈 현상을 깨닫게 되었다. 공부는 하면 할수록 더욱 정확하고 꼼꼼하게 하고 싶다는 욕심이 생긴다. 현재 성적이 낮은 상태인데, 공부를 적게 하면서 성적이 오르길 바라는 것은 지나친 망상이다. 아인슈타인이 말했듯 매번 똑같은 행동을 반복하면서 다른 결과를 기대하는 것은 미친 짓이다.

실행력은 거꾸로 꿈을 부르기도 한다. 학생들과 상담을 해 보면 진로를 결정하지 못해 동기부여를 받지 못하는 경우가 종종 있다. 그럴 때는 일단 현재 자신에게 주어진 일에 최선을 다하는 것이 동기를 부여하는 좋은 방법이다. 성적이 좋아지는 만큼 꿈의 크기도 그에 비례해서 커진다. 공부의 필요성과 중요성을 인식하지 못하다가 모의고사 이후부터 공부에 전력을 다하는 학생들이 바로 이 경우에 해당한다.

공부를 시작하기에 늦은 시기란 없다. 수능 레이스에 성공하는 첫걸음은 과감한 실행력과 꾸준한 지속력이다. 언제까지? '잘하는' 수준에 오르기까지. 그때까지는 지속적인 실행력으로 성공의 마중물을 부어주어야 한다. 그 시기를 지나면 자연스럽게 공부에 재미를 느끼게 되고 스스로 공부 시간을 늘려나가는 선순환이 이루어진다.

꿈을 지속하는 것은 밥을 먹는 것과 똑같다. 밥을 먹지 않으면 배가 고픈 것이 당연하다. 꿈도 계속 보살펴줘야 의욕이 떨어지지 않는다. 꿈에 대해 생각하지 않으면 실행력과 의욕이 떨어지는 건 불을 보듯 뻔하다. 고민만 하고 노력은 하지 않는 멍청이가 되지 말자. 나무 위의 감은 저절로 내 입으로 떨어지지 않는다. 매일 똑같이 높은 강도로 공부를 하지는 못한다고 하더라도 공부에 대한 생각만큼은 하루도 잊어서는 안 된다.

그런 의미에서 출발점은 중요하지 않다. 중요한 것은 각자의 출발점에서부터 시작하여 어떻게 끊임없이 공부를 실행하고 지속하느냐는 것이다. 실행력과 지속력이 겸비된다면 세상에 이루지 못할 일은 없다.

3등급 이하는
암기 목표량을 달성하라

🎯 성적(목표)은 노력(시간+방법)의 총합으로 만들어진다

지금부터는 자신의 등급에 맞는 공부 방법을 공개하겠다. 자신의 등급이 어디냐에 따라 효과적인 공부 방법이 존재한다. 지난 20년의 강의 경험으로 보면, 3등급까지는 Why(공부 동기)가 중요하다. 반면 1등급 완성은 How(공부 방법)로 만들어진다. 서 있는 곳이 다르면 보는 곳도 다르다. 현재 성적에 맞는 '양(시간의 노력)과 질(공부 방법)'이 더해졌을 때 성적 향상이라는 결과를 만들 수 있다.

⊙ 기본 개념을 공부한 후 반드시 문제를 풀어야 한다

기본 개념을 공부한 후 문제를 풀지 않고 넘어가는 경우가 있다. 반드시 문제를 풀어야 한다. 문제를 풀면서 깊이 있는 개념 이해가 가능하기 때문이다. 처음에는 개념 공부 비중을 100%로 하고, 문제 풀이를 0%로 하겠지만 시간이 지나면서 공부가 된 개념 학습 시간은 줄이고 문제 풀이 시간을 늘려가야 한다.

일정한 시간이 지나면 개념 공부 비중을 0%로 하고 문제 풀이 비중을 100%로 하는 단계가 온다. 그런데 공부의 완성 단계가 되면 다시 50%대 50%로 자연스럽게 바뀐다. 고난도 문제 풀이 학습을 하는 과정에서 개념들을 다시 확인하기 때문이다. 현재 성취도에 따라 시작은 다를 수 있지만 공통적으로 이러한 과정을 거치게 된다.

3등급 이하 학생에게 공부 동기는 어떻게 만들어질까? 일단 지금 내가 무엇을 해야 성장할 수 있는지부터 알아야 한다. 가장 먼저 공부의 기준을 마련하기 위해 교과서 목차를 반드시 암기하라고 권한다. 목차를 암기하고 있으면 학습 진도를 계획하거나 문제 풀이 학습을 할 때 현재 위치를 객관적으로 확인할 수 있을 뿐만 아니라 성취도를 파악할 수 있기 때문이다.

🎯 3색을 활용한 공부법, 일명 '그물학습법'

목차 암기 이후에 학생들에게 반드시 실천하기를 권하는 방법이 있다. 틀린 문제를 활용해 현재 공부 성취도를 확인하는 방법으로, 일명 '그물학습법'이다. 이 과정을 그물학습법이라고 소개한 이유는 물고기를 잡을 때 큰 물고기(쉬운 문제)는 그물코가 커도 잡을 수 있지만, 그보다 작은 물고기(어려운 문제)는 그물코가 점점 더 촘촘해져야 잡을 수 있는 것과 같은 원리다. 검은색, 빨간색, 파란색 이렇게 세 가지 색은 점점 더 촘촘해진 그물코를 상징한다. 이를 활용해서 공부한 부분, 틀린 부분, 새롭게 공부할 부분을 구분한다. 이 방법만으로도 동기 부여를 위한 공부 습관과 방법을 익힐 수 있다.

우선 검은색으로 문제를 풀고 채점을 한다. 목차에 공부 계획을 날짜와 함께 기록하면 계획을 관리할 수 있어 더 효과적이다. 문제 풀이 과정에서 틀린 문제들을 확인할 수 있을 것이다. 여기서부터가 바로 공부의 시작이다. 취약 부분을 찾는다는 것 자체만으로도 벌써 남들보다 앞서나가 있게 된다. 알고 있는 것과 그렇지 않은 것을 눈으로 확인할 수 있기 때문이다.

채점과 동시에 빨간색으로 현재 이해하고 있지 못하는 '오개념 부분'을 찾아 표시한다. 그 후 해설 자료를 읽으면서 아직 잘 모르고 있는 부분과 잘못 이해한 부분에 밑줄을 친다. 이렇게 밑줄을 친 문장에 스스로 두 개의 질문을 던진다.

첫 번째 질문은, 해설지에 설명되어있지만 현재 모르고 있는 교과서 정의와 개념을 '내가 어디까지 알고 있는지' 확인하는 질문이다. 이를 확인하는 과정에서 내가 아직 이해하지 못한 개념과 내용을 정확하게 확인할 수 있다. 내가 모르는 내용이라면 해당 개념을 공부하면 된다. 이해가 부족한 부분을 인터넷 강의 등을 활용해서 선택적으로 공부할 수 있다.

두 번째 질문은, 개념은 익숙한데 문제 유형별 풀이 과정을 몰랐던 경우로 '내가 어떻게 잘못 이해했는지' 확인하는 질문이다. 해설 인터넷 강의를 보면서 풀이 과정을 몰랐던 부분을 중심으로 확인하되, '문제 풀이 접근 방식의 이해'를 목표로 공부해야 한다. 해설 강의를 들을 때 선생님 한 분의 강의로는 이해가 잘 안 된다면 동일한 문제에 대한 여러 선생님의 강의를 비교해가며 공부하면 효과적이다. 같은 문제를 다른 방식으로 접근하는 설명을 듣는 과정에서 문제 이해도를 높일 수 있기 때문이다.

이렇게 모르는 부분에 대해 두 가지 기준을 갖고 스스로 질문하고 이를 적용하면서 공부하면 질문에 따라 해결 방법도 일관성 있게 도출되어 더 효과적으로 공부할 수 있다. 채점 전용 빨

간 색연필을 이용하면 줄어든 색연필 길이만큼 자신감도 늘어
갈 것이다.

그다음 파란색은 교과서와 해설 인터넷 강의를 통해 '새롭게
알게 된 개념' 즉, '암기해야 할 내용'을 정리하고 기록하는 목적
으로 사용한다. 앞으로 '집중적으로 공부해야 할 부분'을 표시
하는 것이다.

3등급으로 진입하기 위해서는 이 파란색으로 표시하는 부분
이 핵심이다. 하지만 개념 정리를 하고 일일이 정리 노트를 만
드는 데는 시간이 너무 많이 걸린다. 그건 비효율적이다. 그럴
필요 없이 문제지를 그대로 활용하면 된다. 내신 시험을 포함한
모의고사 기출문제들은 선택지가 5개 있다. 그리고 그 중 옳은
것을 고르는 것과 틀린 것을 고르는 것. 딱 이 두 가지 유형만이
존재한다.

내가 틀린 문제를 다시 공부하면서 5개 선택지 모두를 옳은
말로 바꾸어보자. 모든 시험은 출제 범위가 정해져 있고, 시험
에 출제되는 개념과 선택지에 표현되는 문장 형태는 정해져 있
다. 이렇게 5개 선택지 모두를 맞는 말로 바꾸는 과정에서 출제
가능한 모든 개념을 꼼꼼하게 정리할 수 있다. 즉, 시험에 출제
및 변형 가능한 선택지 형태를 모두 공부하는 셈이다.

이렇게 세 가지 색깔을 기준으로 색깔마다 공부 방법과 목표

를 달리하는 이유는 학생마다 생각하는 공부의 분량과 방법이 다르기 때문이다. 흔히 말하는 "몇 번 했다"의 기준 자체가 모호하고 "틀린 문제를 고쳤다"의 기준이 모호하다. 기준이 모호하면 향상된 결과도 만들기 어렵다. 사람은 자신이 생각하는 범위까지만 결과를 만들 수 있다.

이렇게 세 가지 색으로 구분하는 것만으로도 해당하는 내용을 몇 번 공부했는지 눈으로 확인할 수 있다. 파란색까지 표시되었다면 해당 부분의 틀린 문제를 고치고 앞으로 공부할 내용까지 확인했다는 뜻이다.

자, 이제 파란색까지 표시한 내용을 바탕으로 '반복 학습할 대상'을 마련한다. 방법은 무조건 암기다. 안정적인 3등급을 만들기 위해서는 문제에서 자주 출제되는 개념과 문제 유형별 풀이 방법을 반드시 암기해야 한다. 반복 복습의 과정을 거치면서 자연스럽게 암기의 양이 많아진다. 많아지는 암기의 양만큼 개념에 대한 이해도도 높아진다. 3등급은 암기량의 누적으로 완성된다.

2등급은 양을 질로 바꿔라

3등급에 안착하였다면, 다음 목표인 2등급은 양을 질로 바꾸는 공부 방법으로 만들 수 있다. 문제 풀이를 많이 하다 보면 자주 출제되는 주제와 유형을 확인할 수 있고, 자주 틀리는 취약 부분을 확인할 수 있다. 이렇게 자주 틀리는 부분을 해결해야 2등급이 만들어진다. 이제부터는 3등급까지는 적용하지 못했던 새로운 공부 방법이 필요하다. 같은 방법으로는 같은 결과만 만들어지기 때문이다. 이 과정에서도 공부의 기준이 필요하다. 막연한 노력이 아닌 노력의 과정을 객관적으로 확인할 수 있는 구체적인 방법이다.

ⓖ 4색 공부법

앞서 3등급 공부 단계에서 소개한 검은색, 빨간색, 파란색 이세 가지 색깔에 형광색을 추가한다. 여기에 실수를 방지하고 출제 개념을 완전히 내 것으로 만들기 위한 집중 학습 요령을 더한다. 4색을 활용해서 4회독 공부를 진행하면서 취약한 부분을 보완한 후 선택적 학습을 더욱 강화하는 방식이다.

틀린 문제를 중심으로 빨간색으로 표시해서 해설지와 비교하여 약점을 분석한 후 파란색으로 정리까지 마쳤다면, 마지막 네 번째는 파란색 정리 개념들 가운데 자주 나오는 단어와 개념을 형광색으로 표시하는 단계다.

반복 출제되는 단어와 개념, 자주 틀리는 단어와 개념을 형광색으로 표시해 암기를 해 놓으면 내신 시험에서 고난도 문항에 해당하는 서술형 문제를 대비할 수 있다. 자주 출제되는 단어는 해당 단원에서 핵심 내용을 담고 있고, 이 단어는 서술형 시험 답지에 반드시 기록되어야 하는 단어가 된다.

⊙ 수정테이프 학습법

2등급을 준비하는 학생들은 이렇게 형광펜 단계까지 필수로 완수해야 한다. 여기에 추가로 선택적 학습요령이 필요하다. 지금부터 소개할 공부 방법은 '수정테이프'를 활용한 방법이다. 4색 공부법을 통해 네 가지 목적에 맞는 공부를 진행하면 이미 해당 부분을 4번 공부한 셈이 된다. 반복 학습에서 강조하는 4회독을 진행한 셈이다. 이제는 꼼꼼한 암기와 성취도를 확인하기 위해서 반드시 스스로 확인하는 단계를 거쳐야 하는데, '수정테이프'를 활용하면 이 부분을 손쉽게 해결할 수 있다.

4색 공부법을 통해 확보한 자신의 취약 부분과 암기할 부분을 수정테이프를 활용해 지우고 빈칸을 만들어 빈칸에 답안을 작성해보자. 이 과정에서 암기한 부분과 아직 암기하지 못한 부분을 명확하게 구분할 수 있게 된다. 학생들이 흔히 말하는 "알고는 있었는데 시험 시간에는 기억이 나질 않았다"는 치명적인 실수를 방지하기 위함이다. 빈칸 메우기 테스트를 진행하면서 복습이 필요한 부분에는 포스트잇을 붙여 놓자. 복습 대상의 분량을 확인할 수 있고, 분량에 맞춘 공부 계획을 세워 시간을 관리할 수 있게 된다.

이렇게 공부의 대상을 눈에 보이게 만드는 작업은 모든 수험생이 공통적으로 반드시 진행해야 하는 절차다. 처음부터 끝까지 모든 부분을 4번 공부하는 것이 아니라 틀린 문제를 중심으로 범위를 좁혀 가면서 취약한 부분에 집중하자는 것이다. 똑같이 주어진 시간과 노력을 어떻게 효율적으로 배분할 것인가가 일 년 걸릴 공부를 한 달로 줄여준다.

4색 공부법(그물학습법)을 활용한 4회 공부에 수정테이프와 포스트잇을 활용한 공부를 더하면 해당 부분을 총 5번 공부하게 된다. 5번을 강조하는 이유는 공부 계획 때문이다. 내신 시험을 준비할 때 이 과정을 5주로 세분화해서 주차 별로 진행할 수 있는 공부 계획으로 변환해 적용할 수 있다. 같은 내용을 5번에 걸쳐서 공부하면 시험에 출제될 모든 개념과 문제 유형을 자연스럽게 내 것으로 체득하게 된다.

ⓒ 단권화, 백지복습

성적 향상으로 나아가기 위한 단계에는 빼놓을 수 없는 것이 하나 더 있다. 바로 공부한 내용을 다시 떠올리는 과정이다. 프로 바둑 기사들은 대국이 끝나면 자신이 바둑을 둔 과정을 반드시 다시 한 번 확인한다. '복기'라고 하는 과정이다. 내신 시험과 모의고사를 준비하는 학생들도 공부법에 이 '복기'를 적용하는 방법이 있다. 바로 '단권화'와 '백지복습'이 그것이다.

단권화란 말 그대로 책 한 권에 내가 공부한 모든 내용을 옮겨 적는다는 의미이다. 다양한 문제집과 개념서로 공부하다 보면 필기한 내용들이 흩어져 있게 되는데, 이를 한 권에 모아 놓는 작업이다. 그렇게 하면 앞으로 암기해야 할 부분만 추릴 수 있다. 이후에는 이 책 한 권으로 복습을 반복하면서 공부 효율을 높일 수 있다.

백지복습이란 공부한 내용을 빈 종이에 적어보는 과정을 말한다. 마치 한 개의 주제에 대한 답안을 서술형으로 작성했던 조선시대 과거시험의 방식 그대로, 해당하는 단원에서 공부한 내용을 빈 종이에 적는 것이다. 목차, 단원 이름, 필수 개념, 대표문제, 풀이 과정을 항목에 맞춰 기록하다 보면 내가 공부한 부분에 대한 현재 나의 성취도를 정확하게 확인할 수 있다. 이 과정을 통해 내게 부족한 부분을 찾고 보강하는 작업을 할 수 있다.

4색 공부법(그물학습법), 수정테이프 학습법, 단권화, 백지복습을 주간 단위로 진행하면 7주~8주 정도의 기간이 필요하게 되는데, 이 단계 그대로 내신 시험과 모의고사 준비 계획에 적용할 수 있다. 같은 기간, 동일한 시험 범위를 공부해도 주차 별로 다른 방법을 적용하기 때문에 공부의 효율은 더욱 높아진다.

1등급 이상은
공부 방법이 결정한다

 2등급은 앞서 이야기한 고등학교 교과 내용과 기출 문제 문항을 충실하게 공부하고 반복한다면 누구라도 가능하다. 올바른 공부 방법과 충분한 노력만 받쳐준다면 말이다. 이제 2등급에서 1등급, 그리고 만점으로 도약하기 위해서는 지금까지와는 또 다른 방법으로 공부해야 한다. 정답률이 낮았던 문항을 집중적으로 분석하면서 '매력적인 오답'을 분석하는 능력을 기를 수 있는데, 바로 이 방법이 1등급과 만점을 만들어준다. 이때부터는 전적으로 데이터를 기반으로 한 질적인 접근이 필요하다.

 매번 모의고사가 끝나면 내가 취약한 부분을 파악하는 것과 동시에 꼭 확인해야 하는 부분이 있다. 바로 영역별로 오답률이 가장 높은 문항 '베스트5'를 뽑아보는 것이다.

EBSi를 비롯해 입시 기관이 제공하는 '채점 서비스' 자료를 활용하면 매회 시험마다 난도가 높은 문항의 번호와 선택지별 정답률을 확인할 수 있다. 이 자료를 바탕으로 다른 학생들이 많이 선택한 문항을 확인하면 대다수 학생이 어떤 부분에서 오류를 범했는지, 출제자가 의도한 '매력적인 오답'은 무엇이었는지 확인할 수 있다. 아래는 2021년 6월 2일에 시행된 한국교육과정평가원 고3 전국연합학력평가 자료이다.(출처: EBSi)

국어 ⌄	국어 ⌄								
순위	문항 번호	오답률	배점	정답	선택지별 비율				
					①	②	③	④	⑤
1	28	67.5	3	2	10.0	32.5	32.4	14.2	10.3
2	45	63.7	2	4	7.3	29.0	22.3	36.3	4.5
3	32	61.7	2	3	11.6	15.2	38.3	22.0	12.2
4	25	60.2	2	1	39.8	23.1	13.5	14.3	8.9
5	15	59.5	2	5	27.7	7.6	7.2	16.6	40.5
6	14	57.3	3	1	42.7	23.2	12.7	13.1	7.8
7	42	57.1	3	2	9.4	42.9	16.6	19.1	11.3
8	23	54.1	2	4	30.1	8.0	6.3	45.9	9.2
9	31	50.7	3	4	6.7	11.3	21.7	49.3	10.3

영어 ⌄	영어 ⌄

순위	문항 번호	오답률	배점	정답	선택지별 비율				
					①	②	③	④	⑤
1	31	74.2	3	1	25.8	17.0	15.3	20.2	21.3
2	32	73.7	2	3	15.5	30.5	26.3	16.9	10.3
3	38	71.3	3	2	6.4	28.7	26.4	27.0	11.1
4	37	69.6	3	5	7.1	23.4	23.4	15.3	30.4
5	33	69.1	3	5	19.8	14.9	17.9	16.0	30.9
6	39	64.7	2	5	5.0	13.1	20.2	26.0	35.3
7	34	63.9	3	2	17.2	36.1	15.6	19.1	11.5
8	41	56.6	2	1	43.4	17.6	9.5	22.6	6.5
9	24	53.7	2	1	46.3	22.7	8.8	6.9	14.9

수학 ⌄	수학가형 ⌄

순위	문항 번호	오답률	배점	정답	선택지별 비율				
					①	②	③	④	⑤
1	30	97.8	4	331	주관식				
2	28	88.9	4	15	주관식				
3	29	81.1	4	114	주관식				
4	27	78.8	4	46	주관식				
5	20	77.5	4	1	22.5	16.1	16.6	22.3	21.6
6	21	59.6	4	4	8.0	15.6	16.0	40.4	19.2
7	26	58.5	4	7	주관식				
8	19	58.1	4	4	10.2	16.0	15.3	41.9	15.8
9	17	53.7	4	2	7.6	46.3	16.8	14.7	13.9

수학	▽	수학나형	▽					

순위	문항번호	오답률	배점	정답	선택지별 비율				
					①	②	③	④	⑤
1	30	94.0	4	38	주관식				
2	29	79.3	4	15	주관식				
3	28	75.5	4	58	주관식				
4	27	62.7	4	74	주관식				
5	18	61.7	4	2	7.3	38.3	23.6	15.6	14.3
6	17	59.6	4	1	40.4	10.3	23.7	13.5	11.4
7	25	58.9	3	64	주관식				
8	24	58.7	3	10	주관식				
9	20	56.4	4	3	8.9	14.3	43.6	20.0	12.4

한국사	▽	한국사	▽					

순위	문항번호	오답률	배점	정답	선택지별 비율				
					①	②	③	④	⑤
1	5	65.2	2	3	31.0	32.2	34.8	1.5	0.5
2	12	57.4	2	3	40.4	5.2	42.6	2.4	9.2
3	10	41.7	3	5	1.3	6.4	12.1	21.6	58.3
4	8	41.5	2	3	10.7	9.4	58.5	5.9	15.3
5	14	37.8	2	1	62.2	1.1	4.1	23.9	8.6
6	7	37.4	3	5	8.9	14.3	8.4	5.6	62.6
7	6	27.6	2	1	72.4	6.5	6.2	14.4	0.4
8	4	21.4	2	2	3.5	78.6	14.6	1.0	2.0
9	17	19.8	3	4	2.2	2.8	7.5	80.2	7.1

| 사탐 | ∨ | 생활과윤리 | ∨ | | | | | | |

순위	문항 번호	오답률	배점	정답	선택지별 비율				
					①	②	③	④	⑤
1	15	76.0	3	3	11.8	25.3	24.0	16.5	21.5
2	18	75.4	3	4	21.4	3.0	22.7	24.6	27.4
3	9	62.8	3	1	37.2	26.4	4.3	11.6	19.7
4	11	46.6	3	2	26.6	53.4	6.7	5.6	6.7
5	4	40.8	3	4	9.0	16.3	1.7	59.2	13.2
6	7	39.0	3	5	4.4	8.4	11.1	14.2	61.0
7	5	38.8	2	1	61.2	19.3	13.4	2.3	3.1
8	10	31.2	3	4	2.6	12.4	6.9	68.8	8.4
9	2	29.2	3	3	1.6	4.5	70.8	19.5	3.0

| 사탐 | ∨ | 윤리와사상 | ∨ | | | | | | |

순위	문항 번호	오답률	배점	정답	선택지별 비율				
					①	②	③	④	⑤
1	14	55.5	3	1	44.5	40.8	4.3	5.4	3.5
2	11	54.4	3	2	4.7	45.6	7.0	15.8	25.7
3	20	46.0	2	2	6.3	54.0	22.9	5.9	9.4
4	16	42.0	3	4	6.9	11.5	6.9	58.0	16.0
5	4	41.9	2	5	4.9	3.0	14.6	18.7	58.1
6	17	39.6	2	5	8.9	13.1	5.5	11.3	60.4
7	5	39.5	3	5	5.4	7.3	9.4	16.2	60.5
8	10	36.7	3	3	2.3	19.4	63.3	4.4	9.3
9	2	34.8	3	2	4.3	65.2	14.4	7.3	7.5

과탐	∨	생명과학 Ⅰ	∨			

순위	문항번호	오답률	배점	정답	선택지별 비율				
					①	②	③	④	⑤
1	17	82.2	3	2	16.6	17.8	18.2	29.7	16.9
2	14	76.3	2	3	5.6	17.0	23.7	40.9	12.0
3	16	74.5	3	5	14.6	19.1	16.8	23.2	25.5
4	19	59.1	2	1	40.9	7.6	24.1	15.3	11.2
5	9	55.5	3	1	44.5	3.1	32.1	6.2	13.5
6	3	51.8	3	1	48.2	3.5	7.9	11.4	28.6
7	11	47.1	3	5	11.3	9.1	16.9	9.1	52.9
8	12	43.2	2	3	2.9	3.2	56.8	19.5	17.0
9	8	41.5	2	2	4.2	58.5	7.6	7.6	21.6

과탐	∨	지구과학 Ⅰ	∨			

순위	문항번호	오답률	배점	정답	선택지별 비율				
					①	②	③	④	⑤
1	18	79.9	3	2	16.6	20.1	14.6	29.3	19.1
2	20	72.5	3	4	24.8	13.9	19.1	27.5	14.4
3	8	68.1	2	3	28.5	8.1	31.9	7.7	23.4
4	12	67.0	3	4	7.4	6.1	29.3	33.0	23.7
5	9	66.8	3	2	7.1	33.2	12.4	16.7	30.2
6	13	66.4	2	1	33.6	13.4	11.1	29.3	12.2
7	14	61.9	3	2	7.8	38.1	15.2	11.7	26.9
8	16	60.3	3	1	39.7	5.6	14.6	10.6	29.1
9	19	57.5	2	5	9.9	6.7	29.0	11.4	42.5

위 자료에서 보듯 오답률 베스트5 문항은 특정 선택지에 집중되는 경향을 확인할 수 있다. 우리가 흔히 경험하는 '마지막까지 남은 두 개의 선택지'가 그것이다. 고난도 문항의 경우 출제자는 의도적으로 매력적인 오답을 배치한다. 선택지 구성에 있어서도 자주 출제되는 용어와 개념은 정해져 있으므로 매력적인 오답은 정답 못지않게 훌륭한 학습 자료가 된다. 즉, 개념을 완벽하게 이해한 후 문제 풀이를 하는 것이 아니라 정답률이 낮은 선택지를 분석하면서 수능시험에 출제되는 변별력을 가르는 개념을 완벽하게 이해할 수 있다.

매년 실시되는 6월과 9월 모의평가 채점 자료가 수능시험 난이도에 반영되고 있는 것은 이미 잘 알려진 사실이다. 여기서 놓치지 말아야 할 점은 모의평가가 수능시험의 매력적인 오답을 구성하는 데에도 반영된다는 점이다.

즉, '이러한 문제를 구성했을 때 응시생들은 몇 %의 정답률을 보였다'라는 식의 자료가 실제로 수능시험에 활용되고 있는 것이다. 따라서 의도적으로 출제된 고난도의 '매력적 오답' 문항은 철저하게 확인하고 공부해야 한다.

설령 맞힌 문항이라 할지라도 반드시 출제자의 의도를 분석하고 확인해야 한다. 응시생들이 많이 선택한 선택지에 주목해서 왜 많은 학생들이 그 선택지에 몰렸고 거기에 어떤 함정이 숨어있는지 스스로 묻고 답할 수 있어야 한다. 시험 성적이 일정 궤도를 그릴 때까지는 양적인 반복 학습이 중요하다. 하지만 일정 궤도 이상, 끓는 점을 넘어 상태 변화를 가져오기 위해서는 양적인 학습을 질적인 학습으로 전환해야 한다. 100문제를 맞혀도 한 문제가 틀리면 바로 이 한 문제가 등급을 결정하기 때문이다.

⚙ 상위권에서 최상위권으로 도약하는 요령

상위권에서 최상위권으로 도약하기 위해서는 틀린 그 한 문제를 통해 개념을 총정리해야 한다. 틀린 한 문제가 출제된 해당 교과 개념을 정리하는 것은 물론, 선택지 중 잘못된 선택지를 올바른 선택지로 바꿔보고 유사 문항을 참고해 선택지를 다시 구성해보는 능동적인 공부를 한다.

이러한 과정은 수험생에서 출제자로 관점을 전환함으로써 출제자의 시각에서 문제에 접근하는 습관을 들이려는 것이다. 1등급을 넘어 만점에 도달하는 최상위권 학생들은 반드시 출제자의 관점을 경험한다. 기출문제를 참고해서 기존의 모의고사에서 출제된 선택지 문장을 바꿔보는 방법을 활용해 모의고사

1회를 출제해보는 것도 방법이다.

단순하게 개념을 이해하고 적용하는 차원을 넘어 '이 문항은 왜 오답률이 높았는가?', '오답 선택지와 자료가 가진 매력적인 부분은 무엇이었는가?', '어떤 개념이 활용되었는가?'와 같이 스스로 묻고 답하는 습관을 들여야 한다. 그래야 더는 매력적인 오답의 늪에 빠지지 않을 수 있다. 수능시험은 반복되고, 매력적인 오답도 반복된다.

⊚ 마지막 특급 비밀이 한 가지 더 있다

수능시험 고득점을 준비하는 수험생이라면 경찰대, 사관학교 기출문제들을 반드시 공부해야 한다. 수능시험에 앞서 시행되는 경찰대, 사관학교 시험은 수능시험 대비 120%의 난도에 해당하는 고난도 문항들로 구성되어 있다. 따라서 이 문항들을 학습하면 수능시험에 출제될 고난도 문항에 충분히 대비할 수 있다. 또한 과부하 효과로 보통 난이도의 문항이 상대적으로 쉽게 느껴지는 효과도 있다. 수능시험이 임박하면 상위권 학생들은 '경찰대, 사관학교, 국군간호사관학교' 기출문제를 풀어서 수능시험에 120% 대비해야 한다.

경찰대, 사관학교, 국군간호사관학교 시험은 수능시험에 앞서 매년 7월 말에 실시한다. 1차 시험은 수능시험과 비슷한 유형으로 출제되는데, 고등학교 교과 과정을 벗어나지는 않는다. 경찰대, 사관학교 기출문제는 전 과목 학습이 아닌 국어, 수학, 영어영역의 고난도 문항을 연습하는 용도로 활용하는 것이 좋다.

한 가지 주의할 점이 있다. 상위권 학생의 경우 만점을 준비하는 과정에서 물론 많은 문제를 접해보는 것이 중요하지만, 사설기관에서 출제한 문제를 풀다 보면 난도가 높아서가 아니라, 문제가 갖고 있는 표현의 모호함 때문에 정답을 고르기 어려운 경우가 빈번하게 발생한다. 자칫 잘못된 문제 풀이 방식을 익히게될 위험성마저 있다. 따라서 고난도 문제라고 할지라도 반드시 한국교육과정평가원과 같이 공신력 있는 기관에서 출제한 문제로 공부해야 한다. 평가원에서 만든 고난도 문항의 경우 수능시험이 요구하는 평가 항목에 맞춰 다양한 개념을 묻고 있다.

이상으로 알아본 1등급 최상위권으로 도약하기 위한 과정이 30일, 즉 4주가 걸린다. 앞서 3등급 이하에서 30일, 2등급에서 30일이 소요된다고 했을 때, 1등급으로 도약하기까지 총 12주가 소요되는 셈이다. 앞서 제시한 공부법을 충실히 실행에 옮기면 누구나 성적 향상의 꿈을 이룰 수 있다.

2022 수능만점 이순신

4장

구체적인 시기별, 등급별
'공부 플랜'

목표를 달성하는 방법

　'성적 향상'에 대해 조금 다른 관점에서 이야기해보겠다. 주식 투자에서 수익률은 중요하다. 전 재산을 투자해 주식 투자로 월 10%, 즉 두 자리 수익률을 기록한다면 어떨까? 만약 이렇게 매월 두 자리 수익률을 거둘 수 있다면 대박일 것이다. 비슷한 예를 들어 요즘 저축상품 이자율이 10%라면? 물론 현재 우리나라에 이런 저축 상품은 없다. 가까운 일본에서는 심지어 통장에 돈을 넣으면 마이너스가 되는 경우도 있어서 현금 보관료를 받는다고 한다. 기본적으로 저축 상품의 경우 금리는 1~3%가 정상이다.

　반면, 지난 시험에서 70점을 받았던 학생이 이번 시험에서 점수가 10% 올라갔다고 가정해보자. 즉, 두 문제를 더 맞힌 것이다. 7점은 두 문제에 해당한다. 하지만 이 학생은 매번 시험을 볼 때마다 시험을 망쳤다고 생각하고 우울해할 것이다. 성적 향상에 대한 명확한 기준이 없기 때문에 항상 100점을 기준으로 생각하게 되고, 10%라는 놀라운 성적 향상을 이루었음에도 당장 눈앞에 보이는 77점만을 보고 좌절하기 때문이다.

매번 모의고사를 볼 때 이렇게 두 문제씩 더 맞히겠다는 작은 목표를 기준 삼지 않으면 매번 놀라운 성적 향상을 이루고도 좌절에 빠진다. 지금부터 모의고사 10% 성적 향상을 목표로 세우고 이를 연간 모의고사 일정에 대입해보자. 예를 들어 6월 모의고사에서 70점을 받았다고 가정하자. 이를 기준으로 다음 모의고사인 9월까지 90여 일 동안 2~3문제를 더 맞히면 9월에는 10% 향상된 77점을 얻게 된다. 여기에 9월에서 11월 모의고사 혹은 수능시험까지 90여 일 동안 2~3문제를 더 맞히면 85점 정도를 받을 수 있다.

이렇게 서서히 성적을 올리는 게 우리의 목표가 되어야 한다. 이렇게 생각하지 않고 성적 향상의 기준이 100점이 되는 순간 이번 모의고사도 망친 시험이고, 지난 모의고사도 망친 시험이다. 항상 망친 시험이 되는 것이다. 분명 수익률 10%라는 대박을 달성했음에도 불구하고 우울감에 빠지는 것이다. 가장 큰 문제는 한 번, 두 번은 괜찮다고 생각하지만 매번 동일한 생각이 반복되면 자신감이 계속 떨어진다는 점이다. 떨어진 자신감은 회복하기 어렵다.

마음의 한계는 현실의 한계를 만든다. 그동안 많은 학생들과 상담하며 느낀 것은 마음가짐이 수능 레이스의 성패를 가른다는 사실이다. 고1, 2학년 성적이 좋지 못해 자신감이 떨어진 상태로 상담을 온 고3 학생들에게 하이럼 w. 스미스의 《성공하는 시간관리와 인생관리를 위한 10가지 자연법칙》에 소개된 다음과 같은 일화를 들려준다.

"어느 날 딸을 데리고 서커스 구경을 갔는데 깜짝 놀랐다. 8마리의 커다란 코끼리가 있었는데 그 코끼리들을 묶고 있는 밧줄이 생각 이상으로 가늘었다. 저 정도로 큰 코끼리라면 힘도 엄청나게 셀 것이고, 그대로 뛰쳐나가 서커스장을 마구 휘저을 수도 있을 텐데 그러지 않는 이유가 궁금했다. 나중에 그 이유를 알아보았다. 사람들은 그 코끼리들을 아주 어렸을 때 꼼짝도 못하게 말뚝에 묶어 놓는다. 그러면 코끼리들은 그것에 길들어져 버린다. 즉, 오른쪽 발목이 묶여 있으면 자유롭게 움직일 수 없다고 스스로 믿어 버리는 것이다. 말뚝에 묶인 어린 시절 이후 성인이 된 코끼리들은 아주 가느다란 줄로 묶어 놓아도 아예 움직이려고도 하지 않는다. 서커스의 코끼리들은 할 수 없다고 믿기 때문에 묶여 있는 것이다. 그 어떤 쇠줄이나 밧줄보다도 마음속의 줄이 더 강했던 것이다."

비록 고1, 2학년 때 성적이 좋지 않다고 하더라도 아직 1년여의 기간이 남아 있다. 매월 응시하는 모의고사를 통해 자신이 취약한 부분을 지속적으로 보완해 간다면 충분히 성적을 올릴 수 있음에도 불구하고 자포자기하는 학생들이 많다. 마치 가느다란 밧줄에 묶여 있는 코끼리처럼 말이다.

한계는 밖에서 주어지는 것이 아니라 내부에서 만들어지는 것이다. 심리학 용어 중에 '플라시보 효과'가 있다. 가짜 약일지라도 진짜 약으로 믿고 먹으면 진짜 약과 거의 동일한 효과가 나타나는 현상을 말한다. 처음부터 '난 할 수 있다. 누군가도 했다는데 나도 할 수 있지 않을까?'라는 마음가짐으로 고3을 시작하는 학생과 '공부는 어려워, 나랑은 안 맞아. 해봐도 재미없잖아. 난 못해'라고 생각하는 두 학생이 있다고 가정해보자. 같은 노력으로 1년 동안 공부한다고 해도 전혀 다른 결과를 얻게 되는 것은 당연하다.

부족한 성적을 고민하기 전에 마음의 한계를 먼저 깨야 한다. 플라시보 효과처럼 스스로 한계를 만들지 않으면 한계는 존재하지 않는다. 우리는 스스로 생각하는 것보다도 월등히 뛰어난, 대단히 높은 잠재력을 지니고 있다. 낮은 성적에서 시작해 좋은 결과를 만들어낸 수많은 학생들은 공통적으로 마음의 밧줄을 끊고 과감하게 행동한 학생들이었다. 내 점수가 어디서부터 잘못된 것일까를 고민하고 있다면, 공부법을 의심하기 이전에 이미 스스로 내 한계를 정해버린 건 아닌지부터 돌이켜봐야 한다.

사람은 하루 중 내가 가장 많이 생각한 모습대로 만들어진다. 실패자의 모습을 생각하면 실패자의 모습을 닮아 가고 성공자의 모습을 생각하면 성공자의 모습을 닮아 간다. 과거 자신의 모습에 집착하며 스스로 한계를 만들지 말고, 이상적인 자신의 모습을 그려야 한다. 매일 그렇게 생각하고 행동하면 결국 그 모습을 닮아 간다. 물리적 현실이 생각에 맞춰지는 것이다. 결국 한계가 없어야 성공한다.

연간 일정표에 맞춰서
계획하라

방향을 정확히 알고 있다면 목표한 지점에 도착할 수 있다. 그러나 대부분의 학생들은 아래처럼 고3 시기를 보낸다.

"○○항공을 이용해주셔서 감사합니다. 저는 이 비행기의 목적지가 어딘지 모릅니다. 한동안 여기저기 날다가 괜찮은 데 있으면 착륙하겠습니다."

여러분은 이 비행기에 타고 싶은가? 목표로 삼은 결과를 얻기 위해서는 우선 올바른 방향을 잡고 매일 적절한 속도로 나아가야 한다. 수학, 사회, 과학 과목은 영역의 특성상 수능시험에 출제되는 주제와 유형이 명확히 정해져 있다. 매번 출제되는 개념과 자신에게 취약한 부분을 중심으로 공부하는 것이 올바른 방향 설정의 요령이다. 방향을 설정한 후에는 적절한 속도로 날아가야 한다. 이 속도는 스스로 파악하기 어렵기 때문에 연간 모의고사 일정에 맞춰 월간 단위로 계획을 세우면 된다. 모의고사가 일종의 '페이스메이커' 역할을 하는 것이다.

예전에 $10km$ 마라톤에 참가한 기억이 있다. 한참을 정신없이 달리다 보니 모자에 커다란 노랑 풍선을 달고 달리는 사람이 보였다. 노란 풍선에는 60:00이란 숫자가 적혀 있었고 등판에는 '페이스메이커'라는 글자가 적혀 있었다. 이 페이스메이커만 따라가면 60분에 도착할 수 있다는 의미였다. 그 순간 '아! 저 사람만 따라가면 되겠구나' 하는 생각이 들었다. 구체적인 목표가 생겼고 속도를 맞추고자 노력할 수 있었다. 그렇게 한참을 달리다가 지쳐 갈 때쯤 발견한 것은 남은 거리가 표시된 안내판이었다. '그래! 앞으로 $1km$만 더 달리면 $5km$ 지점이구나, $1km$만 더 달리면 물을 마실 수 있어' 하는 마음으로 $10km$ 마라톤 구간을 세분화하자 무거운 발걸음과 타는 목마름도 견뎌낼 수 있었다. 아마 페이스메이커와 표지판이 없었다면 중도에 포기했을지도 모를 일이다.

마라톤에서 얻은 깨달음은 수능시험 공부에도 똑같이 적용된다. 수능시험을 준비하면서 모의고사 일정을 기준으로 공부계획을 세우는 것은 안내판을 보고 달리는 것과 같다. '수능까지 100일이나 남았구나' 하고 마감 기한을 뒤쪽에 두면 마음이 흐트러지고 쉽게 지치게 된다. '다음 달에 모의고사가 있으니까 이번 주는 이러저러한 개념을 익혀야겠다'고 목표를 세분화해야 한 달을 버틸 힘이 생긴다. 지속적으로 1년을 꾸준히 공부하기는 어렵지만 한 달을 기준으로 일주일과 하루로 세분화한 목표는 더 쉽게 달성할 수 있다. 목표는 구체적이고 명확해야 한다. 노력을 결과로 만드는 확실한 목표 설정의 중요성에 대해 천호식품 김영식 회장은 《10미터만 더 뛰어봐》에서 이렇게 말했다.

"분명하고도 확실한 목표 설정, 이게 없으면 아무것도 안 된다. 그냥 열심히 사는 것, 노력하는 것만 가지고는 안 된다. 다들 노력하며 산다. 문제는 목표다. 어떤 목표를 세우고 거기에 노력을 집중하느냐 하는 것이 관건이다. 목표를 확실하게 정한 뒤 10m를 더 뛰면 어느새 42.195km를 완주할 수 있는 것이다."

수학영역의 경우 매달 1문제씩 더 맞히겠다는 계획으로 6개월을 보내면 대략 25점을 올릴 수 있다. 현재 성적이 낮은 학생이라도 2개 등급을 충분히 올릴 수 있는 점수다. 이렇게 수능시험에 반드시 출제되는 핵심 개념을 중심으로 일주일간 집중적으로 공부해서 30일에 1문제를 더 맞히겠다는 식의 구체적인 공부 계획을 세워야 한다. 이것이 수능을 완주할 수 있는 힘이다.

변화 가능한
3문제에 집중하라

　단기간에 성적을 올리는 가장 효과적인 방법은 현재 내가 틀린 부분들에서 난도가 쉬운 부분에 집중하는 것이다. 예를 들어 수학영역에서 아예 풀이 과정에 손을 못 댄 문제와 풀기는 풀었는데 맨 마지막 계산 부분에서 실수 등으로 틀렸던 문제가 있을 것이다.

　이 중에서 풀이는 같으나 마무리를 못 했던, 같은 노력을 해도 변화가 쉬운 부분에 집중하자는 것이다. 모의고사 기출문제 풀이 학습을 거듭 강조하는 이유는 이렇게 풀어 보는 과정에서 변화 가능한 문제를 찾기 위함도 있다.

　이때 플래너 기록은 너무나 중요하다. 자신이 하루에 얼마나 공부를 하고 있는지 알아야 자신의 역량을 바탕으로 계획을 짤수 있게 된다. 일주일간 매일 공부한 내용을 기록하다 보면, 내가 하루에 국어 몇 시간, 수학 몇 시간, 영어 몇 시간, 탐구 몇 시간을 공부하고 있는지 객관적인 데이터를 확인할 수 있다.

항상 강조하는 공부 계획은 이 기록을 바탕으로 세울 수 있다. 예를 들어 내가 국어를 '하루에 20문제는 풀 수 있다' 혹은 '하루에 30문제는 풀 수 있다'라고 한다면 매일 지속하는 노력이 가져다줄 결과까지 예상하면서 체계적인 공부를 할 수 있게 되는 셈이다.

매일 30문제를 풀면 한 달 동안 900문제를 풀게 된다. 근데 이 900문제를 전 영역, 즉 국어의 경우는 독서와 문학 그리고 선택 과목의 식으로 전 과목을 푸는 게 아니라 모의고사를 바탕으로 해서 현재 내가 틀리긴 했지만 난이도가 쉬웠던, 즉 공부하면 다시 맞힐 수 있는 유형과 주제 부분을 선택해서 노력을 집중한다.

여기서 노력이라 함은 해당 부분을 하루에 20~30문제, 한 달이면 600~900문제를 풀겠다고 구체적으로 계획하고 관리하는 것이다. 간단하게 계산하면 900문제를 내가 약하지만 맞힐 수 있는, 그 유형의 부분에 맞춰서 공부를 집중하고 3문제 더 맞히자는 것이다. 이 과정을 실천할 수 있다면 한 달 공부로도 충분히 3문제를 맞힐 수 있게 된다. 계속 강조하지만, 이 3문제가 바로 1개 등급을 올릴 수 있는 구체적인 근거가 된다.

비록 모의고사로 설명한 것 같지만, 고등학교 1학년, 2학년 학생들이 열심히 준비하는 내신 역시 이와 동일한 방법으로 공부 계획을 세울 수 있다. 내신 시험이나 모의고사는 시험 범위가 정확하게 정해져 있고 유형별로 난이도가 존재하기 때문에 선택적인 학습이 가능하다.

이렇게 눈에 보이는 숫자와 함께 기록된 계획이야말로 관리할 수 있는, 변화 가능한 성적을 만드는 구체적인 방법이 된다.

플래너의 중요성

플래너는 무조건 사용해야 한다. 그런데 플래너를 쓰라고 하면 학생들은 앞으로의 공부 계획을 짜는 걸로 오해한다. 플래너는 계획이 아니라 기록으로부터 출발한다. 매일의 공부 내용을 과목별로 '과목, 공부한 내용, 공부한 문항 수, 소요시간'으로 세분화하여 기록하다 보면 내가 하루 평균 얼마나 공부하고 있는지 그리고 내가 하루 몇 문제에 몇 시간씩을 들여 공부하고 있는지 확인할 수 있게 된다.

이러한 기록을 바탕으로 자신의 역량에 기반한 계획을 세울 수 있다. 즉 플래너는 계획을 짜는 용도가 아니라 기록하는 용도다. 정확한 기록이 남겨진 플래너는 나중에 계획을 세우는 도

구로 활용할 수도 있다.

간혹 공부 계획을 세우기가 너무 어렵다고 말한다. 자가용으로 모르는 길을 가려면 어떻게 해야 할까? 제일 먼저 내비게이션에 목적지를 찍어야 한다. 모든 결과는 행동에서 나오고, 모든 행동은 생각에서 나오기 때문에 자신이 생각하지 않은 것이 우연히 이루어질 수는 없다. 계획을 제대로 세우면 공부의 반은 성공했다고 볼 수 있다. 계획이 없으면 몇 배의 노력을 하고도 다른 목적지에 가 있거나 중간에 포기하게 된다.

계획의 중요성은 아는데 계획 세우기가 잘 안된다고 말하는 학생들도 있다. 그때그때 여건에 맞게 공부하는 게 편하다는 학생도 있다. 그렇다면 계획의 중요성을 양궁에 비유해보자. 정확하게 겨냥해도 빗나가기 쉬운데, 애매모호하게 쏜 화살이 과녁에 명중할 수 있을까? 내비게이션을 찍고 가더라도 교통상황에 따라 경로는 바뀔 수 있다. 하지만 목적지는 바뀌지 않는다. 그런데 목적지 없이 당장 눈앞의 교통 상황에만 맞춰 가다 보면 어떻게 될까? 엉뚱한 곳에 도착해 있을 것이다.

계획을 세울 때는 자신의 현재 수준과 현실을 고려해야 한다. 처음 달리기를 시작할 때 나의 체력 수준과 가야 할 길을 모르면 어느 방향으로 얼마만큼을 뛰어야 할지 몰라 막막하다. 하지만 시간, 거리, 방향을 정하고 뛰면 힘은 덜 들고, 더 멀리, 더 오래 뛸 수 있다. 계획이란 이런 것을 미리 정하는 것이다.

계획은 100m 달리기에서 출발선과 골인 지점을 정하는 것과도 같다. 출발을 어디에서 했는지도 모르고 본인 스스로 많이 달렸다고 생각해서 멈췄는데 80m 지점이라면 어떻게 될까? 계획이 없으면 자신이 현재 어디까지 왔는지 모르기 때문에 항상 불안하고 결국 슬럼프를 겪게 된다.

"공부할 계획이 없다는 건 실패를 계획하는 것"이라고 학생들에게 조언한다. 취미로 공부하는 학생은 없다. 명확한 목표일수록 계획은 더없이 중요하다. 구체적인 목표는 구체적인 결과를 가져오지만 막연한 계획은 막연한 결과를 가져오게 된다.

거창한 계획부터 세우려 하지 말고 작은 계획부터 세우고 실천해보자. 매일 팔굽혀 펴기를 100개씩 한다는 계획을 세우면 일주일도 못 가서 포기하게 되지만 하루에 팔굽혀 펴기를 3번씩 한다는 계획을 세우면 꾸준히 할 수 있을 뿐 아니라 5번, 7번, 10번으로 점점 늘어나게 된다.

계획을 세우는 것은 여행을 떠날 때 목적지를 정하는 것과 같다. 기록을 지속함으로써 하루를 확인하고, 성취한 내용을 바탕으로 자신에게 맞는 계획을 수립해 간다면 이 과정에서 스스로 성장하는 경험을 할 수 있을 것이다. 플래너를 기록하는 과정은 여정의 출발점이자 도착점이다.

내신 준비가 곧
수능 준비이다

고1, 2학생들과 학부모님들로부터 자주 듣는 질문이 있다. 내신 시험과 수능시험을 따로 준비해야 하느냐는 질문이다. 결론부터 말하면 내신 시험과 수능시험은 근본적으로 같다. 동일한 고등학교 교과개념을 서로 다른 유형의 시험으로 나눈 것에 지나지 않는다.

내신 시험의 경우 현재 재학 중인 학교의 선생님이 출제하는 시험인 만큼 수업에 임하는 태도와 성실성 그리고 꾸준함이 고득점의 비결이 된다. 하지만 출제 유형과 주제가 명확히 정해져 있는 모의고사나 수능시험과 달리 불명확한 부분이 많다. 그래서 학생들에 따라서는 내신 시험이 더 어렵다고 느끼는 경우가 다수 있다. 또한 시험 출제상의 이러한 특징 때문에 내신 시험을 따로 준비해야 한다고 생각한다. 그러나 이는 비효율적일 뿐만 아니라 잘못된 생각이다. 내신 시험 준비는 곧 수능시험 준비이며, 수능시험 준비는 곧 내신 시험 준비로 연결되기 때문이다.

내신 시험과 수능시험은 같은 개념을 다르게 묻는 것에 불과할 뿐 본질은 같다. 이때도 역시 가장 중요한 것은 기출문제 풀이 학습이다. 모의고사나 수능 기출문제는 문항별로 전국 단위 응시생들의 정답률을 확인할 수 있다. 이 데이터를 근거로 자신의 수준에 맞게 문제를 선택해서 풀면, 개념 정리를 명확하게 할 수 있다. 즉, 모의고사 준비를 바탕으로 내신 시험도 준비할 수 있다는 이야기다.

구체적인 공부 방법을 예를 들면, 수학1과 수학2의 교과개념은 동일하지만 고2와 고3의 문항별 난이도는 다르다. 이점을 이용해 고난도 문항을 공부하고자 하는 상위권 고2 학생은 고3 기출문제로 공부하고, 반대로 기초가 부족한 고3 학생은 고2 기출문제로 공부하는 것이다. 이로써 현재 수준을 고려한 현실적인 공부 계획이 가능하다.

또한 시험 출제 범위를 확인해보면 내신 시험 준비가 곧 모의고사와 수능시험 준비로 연결된다는 사실을 쉽게 알 수 있다. 고등학생이라면 학년 구분 없이 누구나 준비해야 하는 1학기 중간고사를 예로 들어보자. 4월 말에서 5월 초에 진행되는 내신 시험이 끝난 후 6월에 진행되는 전국연합학력평가 시험 범위를 확인해보면 중간고사와 시험 범위가 동일하다. 즉, 내신 준비로 공부했던 교과 내용을 모의고사로 한 번 더 응시하게 되는 것이다.

그런데 모의고사는 내신 성적에 반영되지 않으니까 준비하지 않아도 되는 거 아니냐고 잘못 알고 있는 경우가 많다. 연간 4번의 내신 시험이 있고 전국 단위로 시행되는 4번의 모의고사(3월, 6월, 9월, 11월 시행)가 있다. 고등학교 공부의 특징은 내신 시험이 끝난 다음, 한 달 동안 기출문제를 푸는 것만으로 바로 모의고사에 대비할 수 있다는 점이다. 그래서 내신 시험이 내신 성적을 얻는 것으로만 끝나는 것이 아니라 모의고사 준비와도 연결된다. 이러한 전체적인 학습 시스템을 이해해야 한다. 또한 고1, 2학년 때 응시하는 모의고사는 고3 수능시험과 문제 출제 방식과 유형이 동일하다는 점을 기억하자.

고등학교 공부는 30일 주기로 해야 한다. 매번 30일 뒤에 어떤 시험이 있느냐에 따라 시험 준비 주기를 맞춰야 하는 것이다. 30일 뒤에 내신 시험이 있다면 내신 시험을 준비를 하고, 30일 뒤에 모의고사가 있다면 과거에 출제되었던 기출 문제를 풀어서 모의고사를 준비하는 방향으로 계획해야 한다. 똑같은 내용을 공부한다 하더라도 말이다.

특히 모의고사를 처음 접하게 될 고1 학생들이라면 남들보다 먼저 이러한 시험주기를 정확하게 이해하고 준비해야 한다. 중학생 시절의 공부 패턴 그대로 내신 시험이 끝나고 나면 공부 끝이라고 생각해서는 곤란하다. 고등학교에 올라와서는 내신 시험과 내신 시험 사이에 모의고사가 있음을 이해하고 이에 맞춰 공부 패턴을 수정하는 것이 옳다.

고등학교에서 3년이라는 시간을 보내면서 다가올 수능시험까지 공부해야 할 총량은 정해져 있다. 이미 정해져 있는 출제 범위와 교과 과정을 묻는 시험이다. 무엇을 공부해야 것인가는 그때그때 시기에 맞춰 대응해야 할 문제이지, 내신 시험 준비가 중요한가 모의고사 준비가 중요한가를 두고 고민한 후 양자택일할 문제가 아니다. 교육 당국에서도 어느 한 쪽이 소홀해지는 것을 막기 위해 끊임없이 고민한 결과 지금의 제도가 탄생한 게 아니겠는가. 결론은 두 시험 모두를 함께 준비해야 한다.

고1, 고2도
모의고사가 중요하다

고등학교 1학년 학생들이 고등학교에 올라와서 처음 보는 시험, 바로 전국 단위로 시행되는 3월 모의고사다. 그런데 처음 접하는 시험이라는 이유에서인지 고1 3월 모의고사를 중요하게 생각하는 학생은 그리 많지 않다.

3월 모의고사가 중요한 이유

3월 모의고사가 중요한 첫 번째 이유는 시험 범위가 중등교과 과정이라는 점이다. 전국 단위로 치르는 첫 번째 시험이므로 시험을 봤던 국어, 영어, 수학, 사회, 과학에서 그동안 몰랐던 현재 자신의 위치를 객관적으로 확인할 수 있다는 데 큰 의미가 있다. 다른 학생에 비해 약한 학습 결손 부분이 확인되었다면, 이 결과를 바탕으로 고등학교 학습 계획을 세울 수 있다. 계획을 세울 수 있다는 것은 남들보다 두 세배 더 시간을 효율적으로 활용할 수 있다는 의미다.

3월 모의고사가 중요한 두 번째 이유는 중학교와는 다른 고등학교 성적 평가 방식이다. 이를 이해하기 위해서는 등급 개념을 알아야 한다. 예를 들어 1등급은 상위 4%, 2등급은 7%를 더해서 11%까지로 구분한다. 이때 중요한 것이, 2등급이니까 당연히 잘 봤다고 생각할 것이 아니라 2등급 내에서도 내 학업 성취도가 어느 정도인지, 즉 백분율을 확인해야 한다.

백분율을 확인해보면 같은 2등급 내에서도 상, 중, 하로 수준을 나누어볼 수 있다. 앞서 모의고사 성적을 정확하게 확인하면 다음 시험을 준비할 수 있는 객관적인 데이터를 확보할 수 있다고 말했다. 왜일까? 예를 들어 내가 2등급에 해당하는 상위 5%의 백분율이라면 나의 현재 위치는 다음 시험에서 1등급 진입이 가능한 위치라고 보면 된다. 반대로 상위 10% 백분율이라면? 언제든 3등급으로 떨어질 위험이 있다.

하지만 너무 걱정할 필요는 없다. 앞으로 3년이라는 기간 동안 철저한 자기 분석을 통해 이 성적을 언제든 1등급 진입이 가능한 위치로 바꿀 수 있다. 그뿐인가? 고1에게는 1등급 혹은 그 이상도 충분히 가능하고도 남는 시간이 있다.

또한 앞서 설명한 EBSi 고교강의 사이트를 활용하면 '모의고사 풀서비스' 페이지를 통해 지금까지 시행되었던 모든 모의고사의 과목별, 문항별 정답률과 오답 정보를 확인할 수 있고, 과목별 등급 컷을 확인할 수 있다. 이 자료를 바탕으로 앞으로 진행될 시험을 미리 준비해볼 수도 있다.

모의고사 성적을 알면,
나에게 유리한 대입 전략을 미리 세울 수 있다

수능시험과 과목별 문제 유형 및 출제 방식이 동일한 시험이 바로 모의고사이다. 학년에 따라 교과개념과 난이도에서 차이를 가질 뿐 과목별 문제 유형은 고1부터 고3까지 동일하다. 모의고사의 이러한 특징을 활용하면 전략적인 학습이 가능해진다. 예를 들어 국어 모의고사 성취도가 상위권에 해당하는 1등급 고1 학생이라면 고2 모의고사를 미리 풀어보면서 학업 성취도를 더욱 올리는 방향으로 공부를 계획할 수 있다. 반면 고2 학생 중 특정 과목에서 3등급 이하를 받았다면 동일 문제 유형이지만 난도가 상대적으로 낮은 고1 모의고사를 학습하는 방향으로 계획하면 된다.

간혹 우리 학교는 내신 성적을 받기 너무 어려워서 고민이라는 학생이 있다. 이때 나의 위치를 정확히 비교할 수 있는 자료가 바로 전국 단위 모의고사 성적이다. 학교 내신은 평균 3등급대인데 전국 단위 모의고사 시험에서는 2등급을 받는다면? 이 경우는 내신 성적을 바탕으로 하는 수시 전형보다는 수능 성적을 바탕으로 하는 정시 전형이 더 유리하다고 판단할 수 있다.

수시 전형과 정시 전형에 대한 입시 전략 수립은 고3 때부터 하는 것이 아니라 고1, 고2 시기부터 확인하는 것이다. 이쯤 되면, 내신 성적에 반영하지 않는 모의고사를 준비해야 하느냐 말아야 하느냐와 같은 불필요한 고민은 하지 않게 된다. 대입을 준비하는 고1, 고2 학생 모두에게 모의고사는 정말 중요하다.

공부했는데
성적이 나오지 않았다?

"열심히 노력해도 성적이 오르지 않았어요."

오해다. 이렇게 오해하는 이유는 과정을 구체적으로 기록하지 않기 때문이다. 과정은 구체적이면서 측정 가능한 것이어야 한다. "노력해도"에서 말하는 노력이란 어느 정도의 노력을 말할까? 또 "성적이 오르지 않았다"란 말은 어느 수준에서 어느 수준으로 오르지 않는 것을 말할까? "열심히", "많이"라고 두루뭉술 말하지 말고 "하루에 2시간씩 수학공부를 해도 70점에서 90점으로 향상되지 않는 이유는 무엇인가요?"라고 물어야 한다. 그래야 공부 시간을 늘리든지, 목표 점수를 달성 가능한 점수대로 낮추든지, 공부 방법을 바꾸든지 하는 '구체적인 목표'를 정할 수 있게 된다.

매년 모의고사 시험 결과에 따라 학생들의 반응은 크게 두 가지로 나누어진다. "그동안 정말 열심히 했는데 왜 점수는 그대로지?" 하는 반응과 "아직 만족하긴 이르지만 이 방법이 정말 효과가 있구나!" 하는 반응이 그것이다.

공부에 대한 관심과 노력에는 차이가 없지만 결과는 완전히 다르다. 똑같은 1년을 보내고도 누구는 성공하고 누구는 실패한다. 지난 경험에 비추어보면 성공과 실패는 과정을 기록한 경험과 스스로 간직하고 있는 꿈의 유무에 따라 결정된다.

지금도 수능 강의를 하면서 틈틈이 꿈에 대한 이야기를 많이 한다. 꿈을 갖는 것만으로도 성공한다는 확신이 있기 때문이다. 지금은 '전국1타 강사', '수능 족집게 스타 강사'로 이름이 알려져 있지만 처음부터 공부를 잘했던 것은 아니다. 아니, 고3 때 이과 내신 수학 0점을 받았던 적도 있으니 오히려 못하는 학생이었다. 남들은 입시 공부로 정신이 없을 고등학교 3년 동안 천체망원경으로 별을 보는 동아리 활동에 푹 빠져 있었다. 이후 대학 입학이라는 현실적인 목표에 직면하면서 재수 생활을 시작했다. 이때만 하더라도 공부를 잘하고 싶다는 마음보다는 좋아하는 별을 보며 인생을 편하게 살고 싶다는 생각이 더 컸다.

이 시절 목표는 의대 합격이었다. 좋아하는 별을 보며 즐겁게 살고 싶다는 꿈이 구체적인 목표로 바뀐 것이다. 당시 성적을 생각해보면 의대 합격은 별처럼 먼 목표임에 틀림없었다. 하지만 '목표는 정했으니 부족한 실력은 채우면 된다'는 순진한 생각으로 공부에 임했다. 실력이 턱없이 부족하기에 더욱 천천히 그리고 치열하게 공부할 수 있었고, 부족한 실력은 시간으로 극복하자고 느긋하게 생각했다. 이렇게 해를 거듭하며 실력을 쌓은 결과 2003년 수능 직전 모의고사에서 전 과목 만점을 받았다. 꿈이 노력을 이끌고 노력이 결과를 만들어낸 과정이었다.

꿈의 중요성에 대해 학생들에게 "처음에는 내가 꿈을 꾸지만, 나중에는 꿈이 나를 만들어 준다"라고 말한다. 학생들 대부분은 성적이 좋아야 명문대학에 진학할 수 있을 거라 생각한다. 실력에 맞춰 꿈을 꾸겠다는 것이다. 하지만 현재의 수준에 맞춰 꿈을 꾸어서는 결코 꿈을 이룰 수 없다. 꿈의 크기에 맞춰 현재의 수준을 높여야 한다.

다시 말해 현재 성적이 높아서 목표 대학을 높게 잡을 수 있는 것이 아니라 목표 대학을 높게 잡았기 때문에 성적을 높일 수 있는 것이다. 이것이 '꿈의 힘'이다. 지금 성적이 부족하다고 해서 꿈조차 부족할 순 없다. 오히려 성적이 부족하기 때문에 더 큰 꿈을 가져야 한다. 미래는 현재의 내 모습이 아닌 현재의 내 꿈에 따라 결정되기 때문이다.

《조영탁의 행복한 경영이야기》에는 일본인들이 많이 기르는 코이라는 잉어에 대한 일화가 소개되어 있다. 이 잉어를 작은 어항에 두면 5~8㎝밖에 자라지 않는다. 그런데 아주 커다란 수족관이나 연못에 넣어 두면 15~25㎝까지 성장한다고 한다. 즉 자기가 숨 쉬고 활동하는 세계의 크기에 따라 조무래기가 되기도 하고 대어가 되기도 한다는 것이다.

꿈이란 코이라는 물고기가 처한 환경과도 같을 것이다. 작은 꿈을 꾸면 작게 성장하고 큰 꿈을 꾸면 크게 성장할 수 있다. 꿈의 크기에 제한이 있을 리 없다. 꿈을 밑천으로 삼아 활동하면 바닥이 드러날 일도 없다. 이는 나의 성장을 위한 무한에 가까운 에너지라 할 수 있다.

지금까지와는 다른 결과를 원한다면 지금까지와는 다른 꿈을 가져야 한다. 노력해도 성적이 오르지 않는 진짜 이유는 꿈의 크기가 작기 때문이다. 꿈의 크기가 작으면 노력의 크기도 그에 맞춰 작아진다. 꿈을 가지고 그것을 간절하게 원해야 평범함이 비범함으로 바뀌게 된다. 지금부터 1년 후 자신의 이상적인 모습을 그려보고 매일 그 모습에 다가가기 위해 노력해보자.

이렇게 치열하게 보낸 고3 시기는 훗날 암울했던 시기가 아닌 소중한 추억으로 기억될 것이다. 간혹 하고 싶은 것이 없어

꿈이 없다고 말하는 학생들도 있다. 그렇다면 지금 현실에 충실하라고 조언해주고 싶다. 하루를 충실하게 보내면 자신감이 생기고, 자신감이 생기면 성적이 올라간다. 성적이 올라가면 꿈 너머에 있는 꿈을 꾸게 된다. 고3이 되면 누구나 노력을 한다. 하지만 똑같은 노력을 하고도 누구는 성적이 오르고 누구는 오히려 성적이 떨어진다. 성적을 만드는 원동력은 노력이 아니다. 그것은 바로 꿈이다.

원하는 모습을 그리고,
그 꿈에 닮아가는 과정

올해로 수능 강의를 시작한 지 20년 차가 되었다. 매년 학생들은 바뀌지만 학부모와 학생들의 고민은 매년 비슷하다. 그중 가장 대표적인 것이 '어떻게 하면 스스로 공부의 필요성을 깨닫고 열정을 지속할 것인가?' 하는 고민이다. 불행인지 다행인지 심지어 모의고사 풀이와 EBS 수능연계교재 풀이가 효과적이라는 방법을 알고 있음에도 공부하지 않는다.

왜 스스로 공부의 필요성을 깨닫지 못할까? 왜 스스로 공부를 하려고 나서지 않을까? 수험 생활을 본격적으로 시작하는 출발점에서 가장 중요한 것은 생각의 틀이다. 생각은 어떤 틀에 담기는가에 따라 크기와 모양이 바뀐다. 지금 당장 발상을 전환해

보자. 생각의 틀을 근본적으로 바꾸지 않고서는 항상 같은 결과를 얻을 뿐이다.

그렇다면 발상의 전환은 어떻게 해야 할까? '끝'에서부터 시작하는 것이 그 비법이다. 보통 학생들은 막연하게 '1등급'이 되면 '명문대'를 진학할 수 있을 것이라고 생각한다. 전형적인 '원인-결과'의 틀에서 벗어나지 못한 사고방식이다. 그러나 1등급 학생들은 다르다. 그들은 거꾸로 '명문대'를 꿈꾸었기 때문에 '1등급'을 받는다고 말한다. 수동적인 '원인-결과'의 틀을 능동적인 '수단-목적'의 틀로 바꾸는 순간 목표 의식이 뚜렷해진다. 목표 의식이 뚜렷해지면 행동이 달라지고 행동이 달라지면 결과가 달라진다. 이것이 2등급 학생들은 모르는 1등급 학생들의 비법이다.

생각의 틀이란 올바른 꿈의 설정, 동기부여, 구체적인 공부 전략 등을 말한다. 호두빵 재료도 붕어빵틀에 담으면 붕어빵이 된다. 생각의 틀이 올바로 설정되어야 뒤따르는 공부도 의미가 있다. 이때 생각의 틀과 공부는 쌍방향으로 영향을 주고받는다. 즉, 처음부터 완벽한 꿈이 있어서 열심히 공부를 하는 것이 아니라, 올바른 방법으로 공부를 하다 보니 성적이 오르고 자신감이 쌓인 것이다. 그 결과로 다시 꿈이 점점 더 구체화 된다.

노력이 성적을 견인하는 것이 아니다. 이는 기차의 바로 앞

칸이 다음 칸을 이끄는 것이 아닌 것과 같다. 가장 앞에 있는 동력 칸이 열차 전체를 이끌면 이어지는 몸통과 꼬리는 자연스럽게 따라오게 된다. 마찬가지로 수험 생활의 동력에 해당하는 것이 바로 올바른 생각의 틀이다. 막연히 1등급을 받기 위해 열심히 노력해야 하는 것이 아니라는 말이다. 올바른 방법으로 공부하고 그 공부가 꿈을 구체화하도록 해야 한다. 그래서 꿈은 막연하게 꾸는 대상이 아니라 방향을 제대로 설정해야 하는 대상이다.

이렇게 제대로 설정되어 더욱 구체화된 꿈은 다시 공부 동기를 이끈다. 선순환의 시작이다. 올바른 공부 방법을 통해 매번 눈에 보이는 자신의 성장을 확인하고, 스스로 공부하고자 하는 의욕을 살릴 수 있으면 된다. 이 과정이 반복되면 처음에는 멀고 허황되게 보이던 꿈이 점점 더 가까워지고, 어느덧 손에 잡힐 듯해진다.

이걸 느끼게 되면 자발적으로 더 효과적인 방법을 찾게 되고 성적 향상이라는 결과는 자연스럽게 따라오는 것이다. 결과를 만드는 힘은 노력의 총량이 아닌 생각의 총량으로 결정된다. 고등학교 생활의 시작을 올바른 생각의 틀 정립으로 시작해야 하는 이유도 여기에 있다.

수험생활의 마지막 고비인 고3은 결코 참아야 할 시기도, 버텨야 할 시기도 아니다. 1년 뒤에 이루어질 꿈을 닮아가는 가장 치열하고도 아름다운 변화의 시기다. 애벌레가 10㎞를 가기 위해서는 나비가 되어야 한다. 한 마리의 애벌레가 화려한 나비가 되기 위해 웅크리는 번데기의 시간이 바로 고3 시기다. 겉으로는 못생기고 잠잠해 보이지만 그 내부에서는 기존의 장기가 녹아내리고 새로운 장기가 만들어지는 격변이 이루어지고 있다. 생각의 틀이 작용한 결과다.

고3 수험 생활은 지금 내가 서 있는 여기에서부터 시작하면 안 된다. 1년 뒤, 자신이 되고 싶은 모습을 그리는 바로 그곳에서부터 출발해야 한다. 화려한 나비의 모습을 꿈꾸는 애벌레와 단순히 더 큰 벌레의 모습을 꿈꾸는 애벌레는 나뭇잎을 먹는 모습부터 다르다. 기왕이면 크고 화려한 꿈을 꾸어야 지금 자신의 현실에 충실할 수 있다.

수많은 학생을 지켜보면서 고3은 결코 어두운 고통의 시기가 아니라는 것을 다시 한 번 깨닫게 되었다. 고3은 찬란한 꿈을 향해 자신의 모든 것을 던져서 활활 불태울 수 있는 일생에 다시 없을 몰입의 시기이다. 생각의 틀을 올바르게 설정하고 하루에 한 걸음씩, 노력이라는 재료를 부어 나간다면 지금까지 상상할 수 없었던 결과를 얻을 수 있다.

화려한 나비가 될 것인가? 몸집만 더 커진 애벌레가 될 것인가? 그것은 생각의 차이에 달려 있다. 고3이라는 시기는 내가 원하는 미래의 모습을 그리고, 그 꿈에 닮아가는 시기이다.

2022 수능만점 이순신

올해 예상되는
문제 유형과 방향

올해 수능은
이미 공개되었다

낯선 장소를 찾아갈 때 어떻게 가는 것이 가장 빠를까? 검색을 하거나 이미 다녀온 사람에게 직접 물어볼 수도 있을 것이다. 또 내비게이션을 이용할 수도 있다. 목적지에 도착하기 위한 다양한 방법이 존재한다. 어떻게 하면 가장 빠르고 정확하게 대입 성공이라는 목적지에 도착할 수 있을까? 모든 해답은 수능시험을 출제하는 기관에서 발표하는 자료에 있다. 낯선 길을 갈 때 가장 중요한 것은 정보력이다. 무턱대고 열심히 공부하던 시대는 지났다. 수능에 대한 정보를 가장 많이 그리고 가장 정확하게 입수하는 것이 수능 레이스를 완주하는 첫걸음이다.

수능시험을 정말 예상할 수 있느냐는 질문을 많이 받는다. 재수를 하면서 처음 수능시험 공부를 할 때는 막연히 노력만 하면서 시행착오를 겪었다. 다양한 방법을 고민하는 과정에서 수능시험을 출제하는 기관인 한국교육과정평가원의 자료를 확인하게 되었고, 이 과정에서 수능시험 출제 과정이 공개된다는 사실도 알게 되었다.

매년 수능 강의를 시작하면서 학생들에게 다음과 같이 묻는다.

"수능시험을 어디서 출제하는지 알고 있니?"

너무나 평범해 보이는 이 질문에 자신 있게 답하는 고3 학생은 그리 많지 않다. 앞서 낯선 길을 갈 때 내비게이션을 이용한다고 답했던 학생들도 수능시험에 대해서는 너무나 무지한 것이 현실이다. 수능시험은 한국교육과정평가원 수능출제본부에서 출제를 한다. 이곳에서는 수능시험 출제를 비롯해 그동안의 수능시험 기출문제를 공개하고 있다.

그뿐만이 아니다. 각 시험 문항이 만들어지는 과정을 예시 자료와 함께 설명하고 있으며 EBS 연계교재 반영 방법과 실제 수능시험 문항 적용 예제도 보도 자료 형식으로 공개한다. 시기별 효과적인 수능 학습 방법을 안내 책자 형식으로 만들어 배포하고 있으며, 홈페이지에도 그 자료를 공개해 수능시험을 준비하는 학생들과 학부모님들의 궁금증에 답하고 있다. 지나칠 정도로 친절하게 말이다.

시험 정보를 비밀로 꽁꽁 감춰둘 거라는 많은 사람의 예상과 달리 출제 기관에서는 출제 과정부터 수능 학습 방법에 이르기까지 모든 정보를 매년 홈페이지를 통해 공개하고 있다. 시험에 대해 가장 잘 아는 사람은 시험을 출제하는 사람들이다. 따라서 본격적인 수능 공부를 시작하기에 앞서 출제 기관 사이트에 공개된 다양한 정보를 입수해야 한다. 수능이 끝나면 매년 논란이 되는 이의 제기 문항도 출제자의 머릿속을 들여다볼 수 있는 훌륭한 자료가 된다.

⟨⟨ 출제 기관에서 직접 공개한 정보만큼 중요하고 정확한 정보는 없다

한국교육과정평가원에서는 매년 4월이면 '대학수학능력시험 학습 방법 안내' 자료를 홈페이지(http://suneung.re.kr)에 공개한다. 해당연도 수능시험의 방향성을 제시하는 보도 자료 머리말은 언제나 이렇게 시작된다.

대학수학능력시험(이하 수능)은 고등학교뿐만 아니라 초등학교와 중학교 등 교육 전반에 걸쳐 지대한 영향을 미치고 있으며, 수험생을 비롯한 모든 국민의 관심 대상이 되어 왔습니다.

2022학년도 수능은 2015 개정 교육과정을 기반으로 출제하는 것을 원칙으로 하여, 학교에서 가르치는 내용과 수능의 출제 내용을 일치시킴으로써 학교 수업을 통해 충분히 수능을 준비할 수 있도록 출제할 것입니다.

한편, 2022학년도 수능은 '학생의 선택권 강화 및 부담 완화'를 원칙으로 선택과목 수가 증가하고 절대평가 시행 영역이 확대되는 '선택과목·절대평가 확대 수능 체제'로서 이전과 다른 방식으로 시행됩니다. 이 때문에 수험생과 학부모님들은 수능 준비를 위한 학습 방법에 대해서 많은 궁금증을 가지고 있습니다. 한국교육과정평가원에서는 수험생들의 궁금증을 해소하고, 나아가 학교 현장에서 교육과정과 교수·학습 및 평가의 적절한 운영 및 수행에 도움을 주고자 학습 안내 책자를 발간하게 되었습니다.

이 책자는 2022학년도 수능 체제의 특징, 영역별 시험의 성격 및 평가 목표, 학습 방법, 수능-EBS 연계 방식 및 유형의 주요 내용을 담고 있습니다. 특히 수능-EBS 연계 방식 및 유형에서는 연계 유형별 특징과 예시 문항을 제시함으로써 수험생들이 EBS 연계교재를 통해 효과적으로 학습할 수 있도록 하였습니다.

이 책자를 통하여 수험생들이 수능의 성격과 평가 목표를 더 잘 이해하여 효율적으로 수능을 준비할 수 있기를 바랍니다. 아울러 학교에서 학생들을 지도하시는 교사 및 교육 관계자에게도 도움이 되기를 기대합니다.

2021년 4월 1일에 '2022학년도 대학수학능력시험 시행 기본계획'이 발표되었다. 한국교육과정평가원 보도 자료는 수능 영역별 연계율의 방향성과 학습 방법에 대한 계획을 확인할 수 있는 자료가 된다. 수능은 이미 공개되었다고 말한 이유는 평가원에서 2020년 5월에 이미 2022학년도 수능시험 예시 문항을 공개했기 때문이다. 즉, 변화가 있는 과목인 국어와 수학영역의 문제 유형을 예시 문항의 형태로 공개했다. 올해 수능시험을 준비하는 수험생이라면 반드시 이 자료를 확인해야 한다.

2021년 6월에 시행된 6월 모의평가 문제 유형도 이미 발표된 대로 예시 문항과 동일하게 출제되었다는 특징을 확인할 수 있다. 수능은 수능으로 준비해야 한다. 예시 문항은 한국교육과정평가원 사이트를 통해 다운받을 수 있다.

올해 수능은
이렇게 출제된다

브리태니커 백과사전은 세계에서 가장 영향력 있는 사전으로 학술 발표회나 전문 지식을 발표하는 자리에서 자주 인용된다. 즉, 브리태니커와 같이 영향력 있는 백과사전에 수록된 내용이라면 누구나 인정할 수밖에 없는 것이다. 논란이 있는 문제도 '브리태니커에 의하면'이라는 말 한마디로 정리가 된다.

마찬가지로 수능을 준비하는 우리는 '수능 출제 기관인 한국교육과정평가원에 의하면'이라는 말에 익숙해져야 한다. 수능 시험을 준비하는 우리가 접해야 하는 최고급 정보는 사설 입시 기관이 아닌 출제 기관에서 직접 발표한 자료인 것이다. 한국교육과정평가원에서 발표하는 자료를 효과적으로 활용하는 것이야말로 수능에서 원하는 결과를 얻는 지름길이다.

한국교육과정평가원은 매년 수능시험을 비롯해 6월과 9월 모의평가를 출제한다. 이에 따라 각 시험별 시행 계획과 시험 관련 준비 자료를 비롯해 시험이 끝난 후에는 각종 질의응답 및 이의 제기 문항을 보도 자료 형태로 공개한다. 우리는 이 자료를 통해 시험이 어떻게 출제가 되고, 시기마다 어떠한 방법으로 준비해야 하며, 기출문제를 어떻게 활용해야 하는지에 대한 가장 객관적인 정보를 얻을 수 있다.

시험과 관련한 수많은 정보를 담고 있는 이 자료에서 우리가 주목해야 할 부분은 바로 영역별 자료 페이지의 '문항 유형' 부분이다. 이 부분에 출제자의 의도가 그대로 담겨 있다. 따라서 각 기출 문항을 분석하고 자신이 부족한 문항을 공부할 때 정답을 찾는 객관적인 근거 자료로 활용할 수 있다. 그 이유는 출제 단원과 주제가 정해져 있기 때문이다. 수리, 사회탐구, 과학탐구 영역이 그렇고, 국어와 영어영역은 해당 지문의 내용은 매번 바뀌지만 출제되는 유형은 매년 동일하다.

지금부터 우리가 해야 할 일은 출제자의 의도 파악이다. 모든 문제에는 출제자의 의도가 숨어 있다. 다음은 2022학년도 대학수학능력시험 예시문항 안내 자료이다. 각 영역에서 평가 요소, 문항 풀이를 위한 주요 개념·원리, 학습 안내를 확인할 수 있다. 수능시험을 준비하는 모든 수험생은 수능시험 출제 기관에서 공개한 '예시문항' 자료를 반드시 확인해야 한다. 올해 수능시험부터 변화가 있는 국어영역과 수학영역을 중심으로 확인해보도록 하자.

◎ 2021학년도 수능시험 국어영역

2022학년도 대학수학능력시험 예시문항 안내 자료는 2022학년도 수능시험의 기준이 되는 자료이다. 보도 자료에서 확인할 수 있는 것처럼 평가 요소, 문항 풀이를 위한 주요 개념·원리, 학습 안내를 확인할 수 있다.

[독서] 과학·기술 분야의 글에 나타난 원리를 비판적으로 이해하기 • • •

예시문항

◉ 다음 글을 읽고 물음에 답하시오.

충전과 방전을 ⓐ통해 반복적으로 사용할 수 있는 충전지는 충전기를 ⓑ통해 충전하는데, 충전기는 적절한 전류와 전압을 제어하기 위한 충전 회로를 가지고 있다. 충전지는 양극에 사용되는 금속 산화 물질에 따라 납 충전지, 니켈 충전지, 리튬 충전지로 나눌 수 있다. 충전지가 방전될 때 양극 단자와 음극 단자 간에 전위차, 즉 전압이 발생하는데, 방전이 진행되면서 전압이 감소한다. 이렇게 변화하는 단자 전압의 평균을 공칭 전압이라 한다. 충전지를 크게 만들면 충전 용량과 방전 전류 세기를 증가시킬 수 있으나 전극의 물질을 바꾸지 않는 한 공칭 전압은 변하지 않는다. 납 충전지의 공칭 전압은 2V, 니켈 충전지는 1.2V, 리튬 충전지는 3.6V이다.

충전지는 최대 용량까지 충전하는 것이 효율적이며 이러한 상태를 만충전이라 한다. 최대 용량을 넘어서 충전하는 과충전이나 방전 하한 전압 이하까지 방전시키는 과방전으로 인해 충전지의 수명이 줄어들기 때문에 충전 양을 측정·관리하는 것이 중요하다. 특히 과충전 시에는 발열로 인해 누액이나 폭발의 위험이 있다. 니켈 충전지의 일종인 니켈카드뮴 충전지는 다른 충전지와 달리 메모리 효과가 있어서 일부만 방전한 후 충전하는 것을 반복하면 충·방전할 수 있는 용량이 줄어든다.

〈중략〉

충전지의 ㉠만충전 상태를 추정하여 충전을 중단하는 방식에는 몇 가지가 있다. 최대 충전 시간 방식에서는, 충전이 시작된 후 완전 방전에서 만충전될 때까지 소요될 것으로 추정되는 시간이 경과하면 무조건 충전 전원을 차단한다. 전류 적산 방식에서는 일정한 시간 간격으로 충전 전류의 세기를 측정하여, 각각의 값에 측정 시간 간격을 곱한 것을 모두 더한 값이 충전지의 충전 용량에 이르면 충전 전원을 차단한다. 충전 상태 검출 방식에서는 충전지의 단자 전압과 충전지 표면의 온도를 측정하여 만충전 여부를 판정한다. 충전지에 충전 전류가 유입되면 충전이 시작되어 단자 전압과 온도가 서서히 올라간다. 충전 양이 만충전 용량의 약 80%에 이르면 발열량이 많아져 단자 전압과 온도가 급격히 올라간다. 만충전 상태에 가까워지면 단자 전압이 다소 감소하는데 일정 수준으로 감소한 시점을 만충전에 도달했다고 추정하여 충전 전원을 차단한다. 니켈카드뮴 충전지의 경우는 단자 전압의 강하를 검출할 수 있으나 다른 충전지들의 경우는 이러한 전압 강하가 검출이 가능할 만큼 크게 나타나지 않기 때문에 최대 단자 전압, 최대 온도, 온도 상승률 등의 기준을 정하고 측정된 값이 그 기준들을 넘어서지 않도록 하여 과충전을 방지한다.

⊙ <보기>는 윗글을 읽은 발명 동아리 학생들이 새로운 충전기 개발을 위해 진행한 회의의 일부이다. ㉠에 대한 의견으로 적절하지 <u>않은</u> 것은?

―――――――〈 보 기〉―――――――

부장: 충전기에 적용할 수 있는 충전 중단 방식이 지닌 장점에 대한 의견 잘 들었습니다. 이제 각 방식을 사용할 경우 발생할 수 있는 문제점을 생각해 보시고 의견을 말씀해 주십시오.

부원 1: 최대 충전 시간 방식을 사용할 경우, 완전 방전이 되지 않은 상태에서 충전을 시작하면 과충전 상태에 이르는 한계가 있습니다.

부원 2: 전류 적산 방식을 사용할 경우, 충전 전류가 변할 때보다 충전 전류가 일정할 경우에, 추정한 충전 양과 실제 충전 양의 차이가 커질 수 있다는 단점이 있습니다.

부장: 충전 상태 검출 방식에 대한 의견을 말씀해 주십시오.

부원 3: 충전 상태 검출 방식 중 전압 강하를 검출하는 방식은 여러 종류의 충전지를 두루 충전하는 충전기에 사용하기에는 적절하지 않습니다.

부원 4: 충전 상태 검출 방식 중 온도로 상태를 파악하는 방식에서는 주변 환경이 충전지 표면 온도에 영향을 준다면 충전 완료 시점을 정확하게 추정하기 어렵습니다.

부원 5: 지금까지 논의한 방식은 모두 충전 전원을 차단하는 장치가 없다면 과충전을 방지할 수 없다는 한계가 있습니다.

① 부원 1의 의견   ② 부원 2의 의견
③ 부원 3의 의견   ④ 부원 4의 의견
⑤ 부원 5의 의견

(2022학년도 수능 예시문항 국어 영역 공통과목 32번)

문제 해설

- 이 문항은 독서 자료에 제시된 정보를 토대로 과학적 원리나 기술의 한계점을 파악하여 비판할 수 있는지를 평가하기 위해 출제하였다.
- 이 문항은 2015 개정 교육과정 '[12독서02-05] 글에서 자신과 사회의 문제를 해결하는 방법이나 필자의 생각에 대한 대안을 찾으며 창의적으로 읽는다.', '[12독서03-03] 과학·기술 분야의 글을 읽으며 제재에 담긴 지식과 정보의 객관성, 논거의 입증 과정과 타당성, 과학적 원리의 응용과 한계 등을 비판적으로 이해한다.'에 근거하고 있다.

- 이 문항의 정답을 찾기 위해서는 지문에서 설명한 세 가지 충전 중단 방식에 대해 이해하고, 제시된 정보를 토대로 주어진 조건하에서의 변화 등과 같은 새로운 내용을 추론하거나 각 충전 중단 방식의 한계점을 파악할 수 있어야 한다.
- 이 문항에서는 '부원 2'는 '충전 전류가 변할 때'와 '충전 전류가 일정할 경우'로 나누어 실제 충전 양과 추정한 충전 양의 차이를 비교하고 있다. 지문에서 전류 적산 방식에 대한 설명을 살펴보면, "일정한 시간 간격으로 충전 전류의 세기를 측정"하며 "각각의 값에 측정 시간 간격을 곱한 것을 모두 더한 값"을 충전 양으로 추정함을 알 수 있다. 이때 충전 전류를 측정하는 "일정한 시간 간격" 동안 전류가 일정하게 흐른다고 가정하여 충전 양을 계산하고 있으므로, '충전 전류가 일정할 경우'에는 추정한 충전 양과 실제 충전 양이 같아지고, '충전 전류가 변할 때'에는 추정한 충전 양과 실제 충전 양의 차이가 커지게 된다. 따라서 충전 전류가 일정할 경우 추정한 충전 양과 실제 충전 양의 차이가 커진다고 언급한 ②는 적절하지 않은 의견이다.
- 이 문항을 해결하기 위해서는 지문과 〈보기〉에서 문제 해결에 필요한 정보 파악 및 적절성 판단하기, 글에 제시된 정보를 통해 새로운 내용 추론하기, 과학·기술 분야의 글에 대한 비판적 읽기 관련 요소 등을 학습할 필요가 있다.

- 이러한 유형의 문항을 해결하기 위해서는 과학적 원리나 기술에 대해 다룬 글을 읽고, 설명하고 있는 대상의 특성, 장·단점, 발달 또는 개선 과정 등에 대해 정확하게 이해할 수 있어야 한다. 또한 제시된 정보를 토대로 새로운 내용을 추론하며 그 원리나 기술의 한계점을 파악하여 비판하는 능력을 갖추어야 한다.
- 이를 위해서 학교 수업에서는 독서 교과서 등을 통해 과학·기술 분야의 글을 읽으면서 과학적 원리나 기술에 대한 정보를 파악하거나 추론 및 비판하며 읽는 데 필요한 요소 등을 학습하고, 실제 독서 과정에서 글에 담긴 지식과 정보를 파악한 후 정보들을 종합하여 새로운 정보를 추론해 보는 연습, 정보의 객관성, 논거의 타당성, 과학적 원리의 응용과 한계점 등의 관점에서 글을 비판해 보는 연습을 할 필요가 있다.

이 중 가장 눈여겨봐야 할 부분이 '문항 풀이를 위한 주요 개념·원리' 내용이다. 단락 첫 번째 부분에서 '이 문항의 정답을 찾기 위해서는……'으로 설명하는 부분은 출제자의 의도를 확인할 수 있는 부분이다. 문제를 풀어보면서 자신의 생각과 출제자의 생각이 일치하는지 확인해야 한다. 만약 일치하지 않는다면, '출제자는 왜 이렇게 의도하고 생각해서 문제를 만들었을까?'라는 질문을 스스로 던지면서 반드시 확인하는 과정을 거치자. 또한 단락 마지막 부분에 '이 문항을 해결하기 위해서는 지문과 〈보기〉에서 문제 해결에……' 와 같이 설명된 부분을 통해 객관적 근거를 바탕으로 문제에 접근하는 원리를 파악해야 한다.

2021학년도 수능시험 수학영역

2022학년도 수능시험부터 수학영역은 공통과목인 수학1과 수학2, 선택과목(확률과 통계, 미적분, 기하) 형태로 바뀐다. 2022학년도 대학수학능력시험 예시문항 안내 자료에서 눈여겨 확인해야 하는 부분은 '평가 요소'다. 수학과 사회탐구, 과학탐구 영역과 같이 출제 주제가 정해져 있는 영역에서는 평가 요소가 곧 시험 출제 주제에 해당하기 때문이다. 수학영역 공통과목 21

번 예시문항에서 확인할 수 있는 것처럼 '이 문항은 사인법칙과 코사인법칙을 이해하고, 이를 활용하여 문제를 해결할 수 있는 지를 평가하기 위해 출제하였다'라고 확인할 수 있다.

수능시험도 교과서에서 확인할 수 있는 '개념의 정의'가 중요한 이유를 보도 자료에서 확인할 수 있다. 이를 교과서 정의 문장을 포함한 '목차 암기'의 중요성과도 연결하여 생각할 수 있다.

2022학년도 대학수학능력시험 예시문항

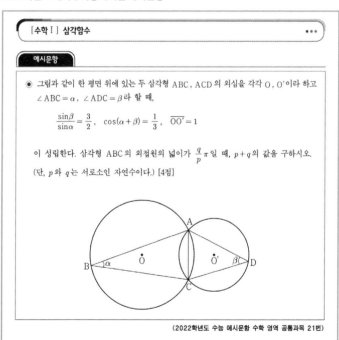

[수학Ⅰ] 삼각함수

예시문항

● 그림과 같이 한 평면 위에 있는 두 삼각형 ABC, ACD 의 외심을 각각 O, O'이라 하고 $\angle ABC = \alpha$, $\angle ADC = \beta$라 할 때,

$$\frac{\sin\beta}{\sin\alpha} = \frac{3}{2}, \quad \cos(\alpha+\beta) = \frac{1}{3}, \quad \overline{OO'} = 1$$

이 성립한다. 삼각형 ABC 의 외접원의 넓이가 $\frac{q}{p}\pi$ 일 때, $p+q$ 의 값을 구하시오. (단, p 와 q 는 서로소인 자연수이다.) [4점]

(2022학년도 수능 예시문항 수학 영역 공통과목 21번)

5장 · 올해 예상되는 문제 유형과 방향

문제 해설

평가 요소

- 이 문항은 사인법칙과 코사인법칙을 이해하고, 이를 활용하여 문제를 해결할 수 있는지를 평가하기 위해 출제하였다.
- 이 문항은 2015 개정 교육과정 '[12수학Ⅰ02-03] 사인법칙과 코사인법칙을 이해하고, 이를 활용할 수 있다.'에 근거하고 있다.

문항 풀이를 위한 주요 개념·원리

- 이 문항을 해결하기 위해서는 사인법칙과 코사인법칙을 이용하여 삼각형의 각의·크기와 변의 길이 사이의 관계를 찾고 이를 활용하여 주어진 삼각형의 외접원의 넓이를 구할 수 있어야 한다.
- 이 문항에서는 삼각형의 각의 크기에 대한 사인 값의 비, 코사인 값, 두 삼각형의 외심 사이의 거리가 주어져 있다. 사인법칙을 이용하여 두 외접원의 반지름의 길이 비를 찾을 수 있다. 구한 반지름의 길이의 비, 문항에서 주어진 값, 코사인법칙을 이용하여 외접원의 반지름의 길이를 구한 후 원의 넓이를 계산할 수 있다.
- 문항에 '그림과 같다' 또는 '그림과 같이'라는 문구가 포함되어 있는 경우 그림은 해당 문제의 정보를 담고 있으므로, 학생은 주어진 그림에서 문제 해결에 필요한 정보를 파악할 수 있어야 한다.

학습 안내

- 이러한 유형의 문항을 해결하기 위해서 학생은 사인법칙과 코사인법칙을 활용하여 삼각형으로 나타낼 수 있는 대상의 길이, 넓이, 각도 등 측정과 관련된 다양한 문제를 해결하는 능력을 기를 필요가 있다.
- 이를 위해서 학생은 문제 상황을 분석하고 관련된 여러 가지 수학적 개념·원리·법칙을 활용하여 문제를 해결하는 데 필요한 다양한 조건을 찾고, 이를 종합하여 문제를 해결할 수 있도록 학습할 필요가 있다.

'문항 풀이를 위한 주요 개념·원리' 부분에서 확인할 수 있는 것처럼 '이 문항을 해결하기 위해서는……'이라고 설명한 부분은 출제자의 출제 포인트가 된다. 이 내용을 통해 현재 알고 있는 부분과 알고 있지 못한 부분을 구분하면서 현재 성취도를 확인하자. 수학을 '언어를 기호로 약속한 학문'이라고 말하는 것처럼 단어의 뜻(정의)을 모르면 개념에 해당하는 내용과 약속(공식) 및 문제 접근 방식을 이해하지 못하게 된다.

'학습 안내'에는 다음과 같이 언급되었다. '이러한 유형의 문항을 해결하기 위해서 학생은 사인법칙과 코사인법칙을 활용하여 삼각형으로 나타낼 수 있는 대상의 길이, 넓이, 각도 등 측정과 관련된 다양한 문제를 해결하는 능력을 기를 필요가 있다.' 즉, 공부를 해야 하는 방향과 기준점을 확인할 수 있다.

2022학년도 대학수학능력시험 예시문항

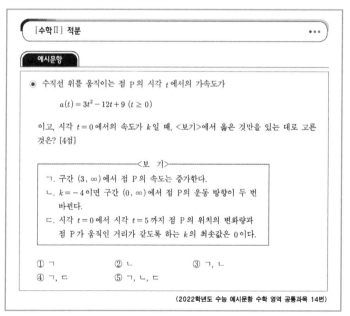

[수학Ⅱ] 적분

예시문항

● 수직선 위를 움직이는 점 P의 시각 t에서의 가속도가

$$a(t) = 3t^2 - 12t + 9 \ (t \geq 0)$$

이고, 시각 $t = 0$에서의 속도가 k일 때, <보기>에서 옳은 것만을 있는 대로 고른 것은? [4점]

<보 기>

ㄱ. 구간 $(3, \infty)$에서 점 P의 속도는 증가한다.
ㄴ. $k = -4$이면 구간 $(0, \infty)$에서 점 P의 운동 방향이 두 번 바뀐다.
ㄷ. 시각 $t = 0$에서 시각 $t = 5$까지 점 P의 위치의 변화량과 점 P가 움직인 거리가 같도록 하는 k의 최솟값은 0이다.

① ㄱ   ② ㄴ   ③ ㄱ, ㄴ
④ ㄱ, ㄷ   ⑤ ㄱ, ㄴ, ㄷ

(2022학년도 수능 예시문항 수학 영역 공통과목 14번)

문제 해설

평가 요소

• 이 문항은 속도와 거리에 대한 문제를 해결할 수 있는지를 평가하기 위해 출제하였다.
• 이 문항은 2015 개정 교육과정 '[12수학Ⅱ03-06] 속도와 거리에 대한 문제를 해결할 수 있다.'와 '[12수학Ⅱ02-11] 속도와 가속도에 대한 문제를 해결할 수 있다.'에 근거하고 있다.

문항 풀이를 위한 주요 개념 · 원리

• 이 문항을 해결하기 위해서는 속도, 가속도, 거리에 대한 개념 등을 활용하여 〈보기〉에 제시된 명제의 참 · 거짓을 판별할 수 있어야 한다.
• 이 문항에서는 수직선 위를 움직이는 점의 가속도가 주어져 있다. 명제 'ㄱ'의 경우 속도와 가속도의 관계를 이해하고 주어진 가속도를 이용하여 주어진 명제가 참임을 판단할 수 있다. 명제 'ㄴ'의 경우 가속도로부터 속도를 구하고 이로부터 점의 운동 방향이 한 번 바뀐다는 사실, 즉 주어진 명제가 거짓임을 알 수 있다. 명제 'ㄷ'의 경우 위치의 변화량과 움직인 거리의 관계로부터 주어진 명제가 참임을 판단할 수 있다.

학습 안내

• 이러한 유형의 문항을 해결하기 위해서 학생은 미분에서 다루는 움직이는 물체의 속도와 가속도의 관계, 적분에서 다루는 속도와 거리의 관계를 이해하고 활용할 수 있어야 한다. 이러한 수학적 개념과 원리를 이용하여 참인 성질을 이끌어 내거나 주어진 명제의 참·거짓을 판별할 수 있는 능력을 기를 필요가 있다.
• 이를 위해서 학생은 주어진 조건을 분석 및 종합하고 관련된 여러 가지 수학적 개념·원리·법칙을 활용하여 〈보기〉의 명제가 참임을 연역적으로 추론하거나, 명제를 만족하지 않는 반례를 찾을 수 있도록 학습할 필요가 있다.

[수학Ⅱ] 미분　　　　　　　　　　　　　　　　　　• • •

예시문항

● 함수

$$f(x) = x^3 - 3px^2 + q$$

가 다음 조건을 만족시키도록 하는 25 이하의 두 자연수 p, q의 모든 순서쌍 (p, q)의 개수를 구하시오. [4점]

(가) 함수 $|f(x)|$가 $x = a$에서 극대 또는 극소가 되도록 하는 모든 실수 a의 개수는 5이다.

(나) 닫힌구간 $[-1, 1]$에서 함수 $|f(x)|$의 최댓값과 닫힌구간 $[-2, 2]$에서 함수 $|f(x)|$의 최댓값은 같다.

(2022학년도 수능 예시문항 수학 영역 공통과목 22번)

문제 해설

○ **평가 요소**

• 이 문항은 함수의 그래프의 개형을 이해하고 이를 활용하여 문제를 해결할 수 있는지를 평가하기 위해 출제하였다.

• 이 문항은 2015 개정 교육과정 '[12수학Ⅱ02-08] 함수의 증가와 감소, 극대와 극소를 판정하고 설명할 수 있다.'와 '[12수학Ⅱ02-09] 함수의 그래프의 개형을 그릴 수 있다.'에 근거하고 있다.

○ **문항 풀이를 위한 주요 개념 · 원리**

• 이 문항을 해결하기 위해서는 함수의 극대와 극소를 판정하여 함수의 그래프의 개형을 그리고 이를 문제 상황에 적용할 수 있어야 한다.

• 이 문항에서는 함수의 극값에 대한 조건과 함수의 최댓값과 최솟값에 대한 조건이 제시되어 있다. 삼차함수 $f(x)$의 그래프의 개형을 그린 후, 조건 (가)와 조건 (나)를 이용하여 두 자연수 p, q에 대한 관계식을 찾을 수 있고 이로부터 순서쌍 (p, q)의 개수를 구할 수 있다.

학습 안내

- 이러한 유형의 문제를 해결하기 위해서 학생은 도함수를 활용하여 함수의 그래프의 개형을 그릴 수 있어야 하고 함수의 극값, 최댓값, 최솟값을 활용하여 문제 해결에 필요한 관계식이나 조건을 구하는 능력을 기를 필요가 있다.
- 이를 위해서 학생은 문제 상황을 분석하여 유추를 통해 문제 해결의 핵심 원리를 발견하거나 여러 가지 수학적 개념·원리·법칙을 활용하여 문제 해결에 필요한 조건을 찾을 수 있도록 학습할 필요가 있다.

2022학년도 대학수학능력시험 예시문항

[확률과 통계] 통계   •••

예시문항

◉ 주머니 A에는 숫자 1, 2가 하나씩 적혀 있는 2개의 공이 들어 있고, 주머니 B에는 숫자 3, 4, 5가 하나씩 적혀 있는 3개의 공이 들어 있다. 다음의 시행을 3번 반복하여 확인한 세 개의 수의 평균을 $\overline{X}$ 라 하자.

두 주머니 A, B 중 임의로 선택한 하나의 주머니에서 임의로 한 개의 공을 꺼내어 공에 적혀 있는 수를 확인한 후 꺼낸 주머니에 다시 넣는다.

$P(\overline{X}=2)=\dfrac{q}{p}$ 일 때, $p+q$의 값을 구하시오. (단, p와 q는 서로소인 자연수이다.)

[4점]

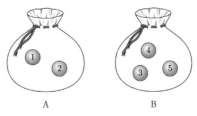

A   B

(2022학년도 수능 예시문항 수학 영역 확률과 통계 30번)

문제 해설

평가 요소

- 이 문항은 표본평균을 이해하고 문제를 해결할 수 있는지를 평가하기 위해 출제하였다.
- 이 문항은 2015 개정 교육과정 '[12확통03-06] 표본평균과 모평균의 관계를 이해하고 설명할 수 있다.'와 '[12확통02-07] 확률의 곱셈정리를 이해하고, 이를 활용할 수 있다.' 에 근거하고 있다.

문항 풀이를 위한 주요 개념·원리

- 이 문항을 해결하기 위해서는 확률변수로서의 표본평균의 의미를 이해하고 표본평균이 주어진 값을 갖도록 하는 사건의 확률을 구할 수 있어야 한다.
- 이 문항에서는 숫자가 적힌 공들이 들어 있는 두 개의 주머니에 대해 주어진 시행을 3번 반복하여 그 공들에 적힌 수를 확인하는 상황이 제시되어 있다. 이때 확인한 세 개의 수의 평균은 크기가 3인 표본에 대한 표본평균으로 이해할 수 있다. 이 표본평균은 어떠한 표본이 선택되는지에 따라 여러 가지 값을 가질 수 있는 확률변수이다. 이 문항은 확률변수로서의 표본평균이 주어진 값을 가질 확률을 구하는 문제이다. 구하는 확률은 표본평균이 주어진 값을 갖게 되는 경우들을 모두 고려하여 계산할 수 있다.

학습 안내

- 이러한 유형의 문항을 해결하기 위해서 학생은 시행, 표본, 표본조사, 임의추출, 표본평균 등의 개념에 대한 정확한 이해를 바탕으로, 문제의 실생활 상황에서 표본평균이 주어진 값을 가지는 경우들을 빠짐없이 고려하여 문제를 해결하는 능력을 기를 필요가 있다.
- 이를 위해서 학생은 실생활 상황을 수학적 개념·원리·법칙을 통해 관찰, 분석, 조직하고 그것들을 종합하여 문제를 해결할 수 있도록 학습할 필요가 있다.

[기하] 공간도형과 공간좌표 ・・・

예시문항

⊙ 좌표공간에서 수직으로 만나는 두 평면 α, β의 교선을 l이라 하자. 평면 α 위의 직선 m과 평면 β 위의 직선 n은 각각 직선 l과 평행하다. 직선 m 위의 $\overline{AP}=4$인 두 점 A, P에 대하여 점 P에서 직선 l에 내린 수선의 발을 Q, 점 Q에서 직선 n에 내린 수선의 발을 B라 하자. $\overline{PQ}=3$, $\overline{QB}=4$이고, 점 B가 아닌 직선 n 위의 점 C에 대하여 $\overline{AB}=\overline{AC}$일 때, 삼각형 ABC의 넓이는? [3점]

① 18 ② 20 ③ 22 ④ 24 ⑤ 26

(2022학년도 수능 예시문항 수학 영역 기하 25번)

평가 요소

- 이 문항은 삼수선의 정리를 활용하여 문제를 해결할 수 있는지를 평가하기 위해 출제하였다.
- 이 문항은 2015 개정 교육과정 '[12기하03-02] 삼수선의 정리를 이해하고, 이를 활용할 수 있다.'에 근거하고 있다.

문항 풀이를 위한 주요 개념 · 원리

- 이 문항을 해결하기 위해서는 삼수선의 정리를 이해하고 이를 주어진 문제 상황에 적용할 수 있어야 한다.
- 이 문항에서는 수직으로 만나는 두 평면과 교선, 그 교선에 평행한 직선, 그리고 주어진 조건을 만족하는 그 직선 위의 점들이 제시되어 있다. 이때 주어진 조건을 만족하는 삼각형의 넓이를 구하는 문제이다. 이러한 기하적 문제 상황에 삼수선의 정리를 적용하고 주어진 선분의 길이와 피타고라스 정리 등을 이용하여 삼각형의 넓이를 구하는 데 필요한 선분의 길이를 계산할 수 있다. 그리고 이를 종합하여 삼각형의 넓이를 구할 수 있다.

학습 안내

- 이러한 유형의 문항을 해결하기 위해서 학생은 삼수선의 정리를 주어진 조건에 적용하여 문제 상황을 기하적으로 파악한 후 피타고라스 정리와 같은 기본적인 법칙들을 적용하여 도형의 길이나 넓이를 구하는 등 기하적인 개념들을 종합적으로 이해하는 능력을 기를 필요가 있다.
- 이를 위해서 학생은 수학적 개념에 대한 정의를 바탕으로 기본적인 성질과 계산 원리를 이해하고 이를 수학적 문제 상황에 적용할 수 있도록 학습할 필요가 있다.

이처럼 출제 본부 보도 자료를 통해 '출제자의 평가 주제 및 학습 방향'을 알 수 있다. 우선 기출문제와 평가원 보도 자료를 통해 수능시험이 요구하는 학습 방향을 확인하자. 이 자료를 활용해 객관적인 시각으로 문제를 분석하는 능력을 키우면 반드시 짧은 기간으로도 성적 향상의 변화를 만들 수 있다.

출제 기관이 공개하는
'수능 공부법'

 이처럼 수능시험에서 고득점을 받기 위해서는 반드시 한국교육과정평가원에서 공개하는 수능 관련 자료를 확인해야 한다. 평가원은 이미 모든 자료와 출제원칙을 공개하고 있다. 하지만 무료로 배포되기 때문에 그 가치를 몰라서일까? 정작 그 정보를 활용할 줄 아는 학생들은 많지 않다.

 다른 학생들에 비해 상대적으로 낮은 성적으로 재수 생활을 시작하다 보니 나름 효율적인 공부법에 대한 고민을 많이 했다. 국, 영, 수 교과목이 존재하듯 공부법을 알려주는 별도의 교과목이 있다면 얼마나 좋을까? 하는 생각마저 들었다. 만약 수능 출제 기관에서 직접 수능 공부법을 소개한다면 어떨까? 수능

만점의 꿈에 한 걸음 다가설 수 있지 않을까? 놀랍게도 출제 기관에서 직접 밝힌 수능 공부법은 실제로 존재했다.

한국교육과정평가원 홈페이지 '대학수학능력시험' 수험자료 게시판에는 대표적인 수험 자료 세 가지를 매년 3월에서 4월 사이에 공개한다. 올해 수능시험을 준비하는 수험생들은 이 자료를 기준으로 학습의 방향을 정할 수 있다. 평가원에서 제공하는 수험 자료 3종 세트는 다음과 같다.

《대학수학능력시험 학습 방법 안내》

수능시험 전 영역에 걸쳐 각 과목별 출제 평가 요소를 설명하는 자료이다. 또한 전년도 수능시험 기출문제를 예시 문항으로 각 문항의 출제 의도와 학습 방법을 소개한다. 출제 의도를 가장 직접적으로 확인할 수 있는 자료이기 때문에 수능을 공부하는 수험생이라면 반드시 확인해야 한다.

더구나 이 자료에는 매년 수능시험에서 출제 비중이 강화되고 있는 EBS 연계교재가 수능에 어떻게 적용되었는지도 확인할 수 있다. 수험 자료 3종 세트 중에서도 가장 중요한 자료라고 할 수 있다.

◎ 《대학수학능력시험 이렇게 준비하세요》

이 자료는 해당연도에 시행하는 수능시험의 주요 특징이 구체적으로 나와 있다. 필수 정보라고 할 수 있는 영역/과목 선택 방법, 영역별 출제 범위, 과목별 문항 수와 시험 시간 및 문항의 형태를 알려주며 영역별 평가 목표, 출제 방향, 학습 방법을 소개한다. 시기별 수능시험 공부 계획을 세울 때 활용할 수 있는 자료이다.

이 자료는 그동안 한국교육과정
평가원 게시판에 올랐던 질문들
을 비슷한 항목별로 분류해 놓은
모음집이다. 원서 접수 방법부터
수능시험 출제 범위에 이르기까
지 수험생들이 공통적으로 알고
싶은 질문에 대한 공신력 있는 답
을 얻을 수 있다. 또한 시험 출제
방향과 관련한 문항별 안내 및 시험 응시 방법, 성적 점수 체계
에 대한 답변 자료가 담겨 있다.

20년째 수능 강의를 하면서 대학 입시 전략을 세울 때면, 지
금도 한국교육과정평가원 보도 자료를 기준으로 삼는다. 평가
원에서 공개하는 양질의 자료를 효과적으로 활용하는 것이야
말로 수능에서 원하는 결과를 얻는 가장 빠른 길이 된다.

수능 예상 비법은
이것이다

수능의 본질을 이해하면 대입의 90%는 해결된다. 수능의 본질을 이해하는 것이 대입을 승리로 이끄는 출발점이다. 수능은 막연히 지식의 양을 검증하는 시험이 아닌, 사고력에 기반한 자료 분석 능력을 평가하는 시험이다. 따라서 그 본질을 이해해야 목표 지점에 더 명확하게 도달할 수 있다. 이것이 지난 20년 동안 수능을 강의하고 직접 수능에 10회 응시하면서 내린 결론이다.

🎯 어떤 시험이든
출제자의 의도에 맞추어 공부해야 한다

수험 자료 3종 세트 중 가장 중요한 자료로《대학수학능력시험 학습 방법 안내》를 꼽는 것도 이러한 이유 때문이다. 놀랍게도 한국교육과정평가원은 작년 수능시험 문항을 예로 들면서 올바른 수능 공부법까지 공개하고 있다. 이 자료에서 가장 주목해야 할 부분은 과목별 '평가 요소', '학습 안내'와 EBS 연계교재와 관련한 '수능-EBS 연계 방식 및 유형' 부분이다.

수학영역 기출 문항 예시

2021학년도 수능 수학영역 나형 10번

◉ 두 수열 $\{a_n\}$, $\{b_n\}$ 에 대하여

$$\sum_{k=1}^{5} a_k = 8, \quad \sum_{k=1}^{5} b_k = 9$$

일 때, $\sum_{k=1}^{5} (2a_k - b_k + 4)$ 의 값은? [3점]

① 19   ② 21   ③ 23   ④ 25   ⑤ 27

이 문제 출제자의 문항 출제 의도와 이러한 유형에 대비하기 위한 학습 방법을 다음과 같이 제시하고 있다.

[평가 요소] 이 문항은 Σ의 뜻을 알고 그 성질을 이해할 수 있는지를 평가하는 문항이다. 이 문항은 2015 개정 교육과정의 성취기준 '[12수학 Ⅰ93-04] Σ의 뜻을 알고, 그 성질을 이해하고, 이를 활용할 수 있다'에 근거하고 있다.

[문항 풀이를 위한 주요 개념·원리] 이 문항을 해결하기 위해서는 Σ의 성질을 구하는 식에 적용한 후 주어진 조건을 활용하여 그 값을 계산할 수 있어야 한다. 이 문항에서는 Σ의 성질을 활용하여 구하는 식을 분리하여 표현한 후 주어진 조건을 대입하여 그 값을 계산할 수 있다.

[학습 안내] 이러한 유형의 문항을 해결하기 위해서는 학생은 Σ의 뜻과 성질을 구하는 식에 적용할 수 있는 능력을 기를 필요가 있다. 이를 위해서 학생은 수학적 개념에 대한 정의를 바탕으로 기본적인 계산 원리, 연산 법칙, 성질을 이해하고 이를 식에 적용할 수 있도록 학습할 필요가 있다.

보도 자료에서 확인할 수 있는 것처럼 작년에 시행된 수능시험을 실제 예시문항으로 출제 과정과 문항 풀이를 주요 개념 및 원리에 대한 설명뿐만 아니라 학습 방향까지 자세하게 공개하고 있다. 열심히 공부하는 것과 출제자의 의도에 맞춰 공부하는 방법은 질적인 부분에서 차이를 만들게 된다. 수능시험은 수능시험 출제 기관의 자료를 기준으로 공부해야 한다고 한 이유가 바로 이것이다.

올해도 수능-EBS 연계교재에서 50%가 연계 출제된다. 학습자의 학습 부담 경감을 위해 도입된 '수능-EBS 연계 출제 정책'에 따라 수학영역에서는 3가지 유형의 연계 방법을 활용하여 연계 문항들을 개발한다고 설명하고 있다. 이 유형별 특징을 적절하게 이해하고 학습하는 것이 수능 수학영역을 효율적으로 대비하는 방법이라는 설명과 함께, 다음 예시 문항을 공개하고 있다.

⊚ 수학영역 '수능-EBS 연계 방식 및 유형'

1) 개념 · 원리 활용 유형

[예시문항] 2021학년도 수능 9월 모의평가 수학영역 가형 25번

⊙ $\lim\limits_{n \to \infty} \sum\limits_{k=1}^{n} \dfrac{2}{n} \left(1 + \dfrac{2k}{n} \right)^4 = a$ 일 때, $5a$의 값을 구하시오. [3점]

[EBS 연계 부분] 2021학년도 《수능특강 미적분》 97쪽 유제 1번

⊙ $\lim\limits_{n \to \infty} \sum\limits_{k=1}^{n} \dfrac{1}{n} \sqrt{\dfrac{n+2k}{n}}$ 의 값은?

① $\dfrac{1}{3}(\sqrt{3}-1)$ ② $\dfrac{1}{3}(2\sqrt{3}-1)$ ③ $\dfrac{1}{3}(3\sqrt{3}-1)$

④ $\dfrac{1}{3}(4\sqrt{3}-1)$ ⑤ $\dfrac{1}{3}(5\sqrt{3}-1)$

2021학년도 수능 9월 모의평가 수학영역 가형 25번 문항은 2021학년도 수능-EBS 연계 교재 중《수능특강 미적분》의 97쪽 유제 1번 문항을 바탕으로 개발한 문항이다.《수능특강 미적분》97쪽 유제 1번 문항을 해결하기 위해서는 정적분과 급수의 합 사이의 관계를 이해하여 주어진 급수를 정적분으로 바꾸어 표현하고 계산할 수 있어야 한다. 2021학년도 수능 9월 모의평가 수학영역 가형 25번 문항은 이러한 개념과 원리들 사이의 관련성을 파악하여 정적분과 급수의 합 사이의 관계를 이해하고 있는지를 평가하고 있다.

2) 자료 활용 유형

자료 활용 유형은 수능-EBS 연계 교재에 수록된 그래프, 도형, 표와 같은 자료를 활용하여 새로운 문항을 구성하는 방법이다.

◉ 닫힌구간 $[-2, 2]$에서 정의된 함수 $y=f(x)$의 그래프가 그림과 같다.

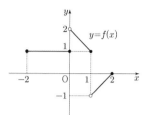

$$\lim_{x \to 0+} f(x) + \lim_{x \to 2-} f(x)$$의 값은? [3점]

① -2 　　② -1 　　③ 0 　　④ 1 　　⑤ 2

[EBS 연계 부분] 2021학년도 《수능완성 수학 나형》 56쪽 33번

◉ 닫힌구간 $[-2, 2]$에서 정의된 함수 $y=f(x)$의 그래프가 그림과 같다.

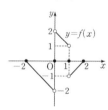

닫힌구간 $[-2, 1]$에서 정의된 함수 $g(x)=f(x)+kf(x+1)$이 $x=0$에서 연속일 때, 상수 k의 값은?

① -2 　　② -1 　　③ 0 　　④ 1 　　⑤ 2

2021학년도 수능 9월 모의평가 수학영역 나형 6번 문항은 2021학년도 수능-EBS 연계 교재 중《수능완성 수학 나형》56쪽 33번 문항을 바탕으로 개발한 문항이다.《수능완성 수학 나형》56쪽 33번 문항에서는 함수의 극한에 대한 성질을 이용하여 주어진 상수의 값을 구할 수 있어야 한다. 2021학년도 수능 9월 모의평가 수학영역 나형 6번 문항에서는 연계 교재에 수록된 그래프를 활용하여 함수의 극한의 뜻을 알고 그 값을 구할 수 있는지를 평가하고 있다.

3) 문항 변형 유형

문항 변형 유형은 수능-EBS 연계 교재에 수록된 문항에 제시된 식, 함수, 조건, 구하고자 하는 것 등을 변형하여 문제 상황을 재구성하거나 보완하여 문항을 개발하는 방법이다.

◉ 그림과 같이 $\overline{AB} = 2$, $\angle B = \dfrac{\pi}{2}$ 인 직각삼각형 ABC에서 중심이 A, 반지름의 길이가 1인 원이 두 선분 AB, AC와 만나는 점을 각각 D, E라 하자. 호 DE의 삼등분점 중 점 D에 가까운 점을 F라 하고, 직선 AF가 선분 BC와 만나는 점을 G라 하자. $\angle BAG = \theta$ 라 할 때, 삼각형 ABG의 내부와 부채꼴 ADF의 외부의 공통부분의 넓이를 $f(\theta)$, 부채꼴 AFE의 넓이를 $g(\theta)$라 하자. $40 \times \lim\limits_{\theta \to 0+} \dfrac{f(\theta)}{g(\theta)}$ 의 값을 구하시오. (단, $0 < \theta < \dfrac{\pi}{6}$) [3점]

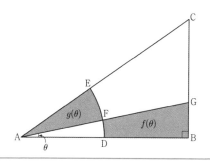

EBS 연계부분 2021학년도 《수능완성 수학 가형》 76쪽 14번

◉ 그림과 같이 중심이 O이고 길이가 1인 선분 OA를 반지름으로 하는 부채꼴 OAB 가 있다. 선분 OA를 한 변으로 하는 정삼각형을 OAC라 할 때, 선분 AC와 선분 OB가 점 D에서 만난다.

$\angle AOB = \theta$, 부채꼴 OAB의 넓이를 $S(\theta)$, 삼각형 OAD의 넓이를 $T(\theta)$라 할 때, $\lim\limits_{\theta \to 0+} \dfrac{T(\theta)}{S(\theta)} = p$ 이다. $100p$의 값을 구하시오. $\left(\text{단, } 0 < \theta < \dfrac{\pi}{3}\right)$

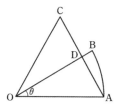

2021학년도 수능 수학영역 가형 24번 문항은 2021학년도 수능-EBS 연계 교재 중 《수능완성 수학 가형》 76쪽 14번 문항을 바탕으로 개발한 문항이다. 《수능완성 수학 가형》 76쪽 14번 문항에서는 주어진 삼각형과 부채꼴의 관계를 이용하여 넓이들로 이루어진 식의 극한값을 구할 수 있어야 한다. 2021학년도 수능 수학영역 가형 24번 문항은 삼각형과 부채꼴의 조건을 변형하여 발문하였으며, 이를 통해 삼각함수의 극한을 이용하여 문제를 해결할 수 있는지를 평가하고 있다.

1등급은 이렇게 공부한다

지금도 강의 현장에 있으면서 성적 향상을 이루어내는 수많은 학생을 지켜보고 있다. 이 과정에서 성공적인 결과를 만들어내는 학생들에게는 일정한 규칙이 있음을 확인할 수 있었다. 성공하는 학생들로부터 배워야 한다. 그들이 활용한 누구나 실천 가능한 다섯 가지 원칙을 소개하겠다.

ⓒ 첫째, 기출이 답이다

기출문제 범위에서 벗어나서 새롭게 출제되는 문제는 구조적으로 없다. 과거에 출제되었던 문제를 바탕으로 준비하면 성적을 올릴 수 있는 가장 현실적인 방법이 된다. 기출문제를 바탕으로 개념 공부와 유형별 학습을 끝낸 후 수능에 연계되는 교재인 수능특강과 수능완성을 공부하면서, 다양한 유형별 문제풀이 연습을 진행하는 방향이 가장 효율적이다.

기출문제 풀이 학습에도 순서가 존재한다. 즉, 시험 범위에 맞춰서 공부해야 노력을 점수로 연결할 수 있다. 예를 들어, 3월 모의고사를 준비할 때는 3월 기출문제 3년 치, 6월 모의고사를 준비할 때는 과거 6월 기출문제들을 풀어야 한다. 시험 범위가 동일하기 때문이다. 과거에 출제된 문제를 바탕으로 새롭게 출제되는 문제는 절대 없다는 점을 이해하면, 앞으로 진행될 모의고사 준비 계획을 효과적으로 짤 수 있다.

◎ 둘째, 진도 중심 공부가 아니라
내가 꼭 맞춰야 할 공략 문제 2~3문제를 목표로 한다

가만히 보면 3월 모의고사, 4월 모의고사, 6월 모의고사라 하더라도 수능시험과 시험 범위가 동일하지 않다. 수능시험과 시험 범위가 동일한 시험은 9월 모의고사이다.

즉, 3월과 6월에 시험 범위에 포함되지도 않는 내용을 무턱대고 공부할 것이 아니라 시험에 출제되는 부분부터 명확하게 공부하려는 자세가 중요하다.

또한, 변화 가능한 2~3문제에 집중하는 노력은 거듭 강조해도 지나치지 않을 만큼 중요하다. 특히 3등급 이하 학생들은 맞힐 수 있는 유형부터 우선적으로 공략해야 한다. 문항 난이도 중~중하에 해당하는 문제도 배점이 3점 혹은 4점인 걸 생각해 보자. 1개 등급을 올리기 위해서는 안정적인 점수 확보가 너무나 중요하다. 어려운 문제부터 공부하는 것이 아니라 내가 맞힐 수 있는 부분을 맞혀야 한다. 모의고사 일정에 맞춰서 시험 범위에 들어가는 내용부터 먼저 공략하기 위한 계획을 짜자.

🎯 셋째, 목차는 무조건 외워야 한다

목차부터 외우라고 하면 학생들이 의아해할 수 있는데 영어 단어를 안 외우면 내신 문제, 모의고사 문제를 못 푸는 것처럼, 공부의 효율을 높이기 위해서는 목차 암기를 반드시 해야 한다. 출제 주제가 정해져 있는 수학, 사회탐구, 과학탐구, 한국사와 같은 탐구과목에서는 목차를 먼저 외워놓으면 전체적인 방향을 확인할 수 있어 매우 효과적이다.

성적의 변화는 '공부가 되어 있는 부분'과 '그렇지 않은 부분'을 구분하는 것에서부터 시작된다고 말했다. 이렇게 구분만 하더라도 전체 공부의 절반은 끝난다. 목차를 외워놓으면 내가 틀린 문제가 나왔을 때 '아! 이 문제가 어느 단원에 있는 어떤 내용과 어떤 개념을 바탕으로 나온 문제구나! 그러니까 내가 해당하는 이 부분의 인터넷 해설 강의를 찾거나 개념서 해당 부분의 이 단원을 찾아서 공부해야지'와 같은 기준을 세울 수 있게 된다. 이런 기준이 없으면 틀린 부분을 효과적으로 공부할 수 없다.

넷째, 플래너 무조건 사용해야 한다

플래너는 계획이 아니라 기록에서부터 출발한다고 했다. 일일 단위로 공부하고 그 내용을 시간과 함께 기록하다 보면 스스로 공부를 얼마나 하고 있는지, 하루 몇 문제를 몇 시간 동안 공부했는지를 확인할 수 있게 된다. 즉, 자신의 역량을 알 수 있게 되는 것이다.

이렇게 기록된 내용을 바탕으로 자신의 역량을 고려한 현실적인 공부 계획을 작성할 수 있게 된다. 계획에 시간의 노력이 더해졌을 때 공부 습관과 학업 성취도를 모두 관리할 수 있다.

◎ 다섯째, 백지복습 실천이다

앞서 백지복습에 관해 설명했다. 3등급 이하 학생들은 물론 2등급 1등급 학생들도 이 백지복습을 반드시 실천해야 한다. 공부한 내용을 매일 흰 종이에 적어보면 객관적인 정보를 알 수 있게 된다. 내가 기억하고 있는 게 얼마나 되는지, 나의 성취도가 어떻게 되는지 말이다. 이 과정에서 암기된 부분과 아직 암기가 되지 않은 부분을 스스로 알게 된다.

지금까지와 다른 결과는, 지금까지와는 다른 방법으로 만들 수 있다. 자신의 공부 방법을 점검하라.

오답률로 등급에 맞게 공부를 계획하라

　같은 배점이라고 하더라도 문제마다 난이도는 다르다. 이러한 특징을 활용하면 현재 수준에 맞는 모의고사 공부 계획을 세울 수 있다. 국어영역의 경우 언어 과목이라는 특징이 있다. 문제 유형은 고1, 2, 3학년의 구분이 없다. 단지 지문의 길이와 어휘의 난이도로 학년별 구분이 생긴다.

　따라서 고3 학생을 예로 들어 설명하면 3등급 이하인 학생들은 현재 3학년 문제를 풀기보다는 2학년과 1학년 기출문제를 먼저 풀어야 한다. 현재 수준을 고려하지 않고 무턱대고 어려운 3학년 문제를 계속 풀다 보면 의욕이 상실되고 자신감도 떨어진다. 오히려 2학년과 1학년 기출문제를 공부하는 과정에서 '유형벌' 문제풀이 연습과 더불어 '독해력'을 기를 수 있다.

이와 반대로 국어영역에서 2등급과 1등급에 위치한 학생들은 자신의 취약한 유형을 찾은 후 학년을 높여 공부할 수 있다. 예를 들어 고1, 2학년 상위권 학생이 현대 시 파트와 같은 특정 부분을 많이 틀린다고 하자. 또는 내신 시험 범위에 이 부분이 들어간다고 하자. 그러면 기출문제 풀이 학습 계획을 고1부터 고3에 해당하는 전 학년의 현대 시 파트 부분에 대한 문제 풀이로 계획하는 것이다.

모의고사 절반 분량에 해당하는 20문제를 매일 풀게 되면 한 달이라는 기간 동안 600문제를 공부할 수 있다. 막연히 전체 시험 문제 처음부터 끝까지 600문제를 공부하는 게 아니라 전체 시험 문제 중 내가 점수를 올릴 수 있는 그 부분의 문제만 골라서 집중적으로 푸는 것이다. 한 달여 시간 동안 600문제를 풀고 1문제, 혹은 2문제를 맞히겠다는 전략을 짜도록 하자.

수학영역도 마찬가지이다. 3등급 이하 학생들은 무턱대고 고등학교 3학년 기출문제 풀이 단계로 학습 진도를 나가면 안 된다. 고3 학생이 응시하는 3월 모의고사 시험 범위에는 고등학교 2학년 교과 과정에 해당하는 수학1, 수학2 전 범위가 들어간다. 즉, 기출문제 중에서도 고2와 고3 수학1, 수학2 기출문제가 존재하는 것이다. 3등급 이하 학생들은 동일한 시험 범위이면서 난도는 상대적으로 쉬운 고2 기출문제 수학1, 수학2를 전략적으로 먼저 학습해야 한다.

현재 수준을 고려하지 않고 무턱대고 고난도 킬러 문항을 열심히 공부하는 학생들도 많다. 어려운 문제를 공부하다 보면 쉬운 문제는 자연히 쉽게 해결될 것이라는 오해 때문이다. 결코 쉬운 문제가 자연히 해결될 리 없다. 운 좋게 어려운 문제를 맞춰도 쉬운 문제에서 점수를 잃는다면? 등급제 수능시험의 특징을 이해하면 잘못된 접근 방법임을 쉽게 알 수 있다. 고난도 5개 문항을 풀기 위해선 오히려 확실하게 25문제를 맞히는 연습부터 해야 한다.

25문제를 확실하게 맞히는 연습을 하였다면 취약 부분을 공략하기 위한 전략을 세워야 한다. 수학1, 수학2에서 대부분 삼각함수를 어려워하는데, 오히려 취약한 부분들에 대한 기출 문제의 양적 접근이 필요하다. 예를 들어 삼각함수라고 한다면 3월 기출문제에도 삼각함수가 있고 6월 기출문제, 9월 기출문제 그리고 수능 기출문제에도 삼각함수가 있다. 그 유형들을 집중적으로 공부하는 것이다. 즉, 먼저 모의고사 회차 별로 풀이하고, 이 학습이 끝나면 취약한 유형별로 공부하자는 것이다.

영어영역과 관련하여 3등급 이하인 중하위권 학생들이 명심해야 할 부분이 있다. 바로 전략적 핵심 공략 대상은 듣기평가 준비와 영어단어 암기라는 점이다. 일단 17문제에 해당하는 듣기평가만 다 맞아도 100점 만점에 37점을 받을 수 있다. 영어 3등급이 70점이라는 사실을 확인하면 그 중 절반은 듣기평가로 해결되는 것이다. 그런데 듣기평가 준비가 그리 어렵지 않다. 출제되는 유형이 정확하게 정해져 있기 때문이다.

고등학교 3학년 3월 모의고사 3개년 자료는 'EBSi 고등' 사이트에 들어가면 손쉽게 구할 수 있다. 듣기 대본과 MP3 파일이다. 무료로 공개되는 해설 강의를 바탕으로 1회분을 통째로 암기하자. 일단 많이 듣는 과정에서 저절로 유형별 풀이 방법을 익힐 수 있게 된다.

또, 3등급 이하 학생들에게 무엇보다 중요한 것은 단어 암기다. 수학 공식을 모르면 수학 문제를 못 푸는 것처럼 영어도 단어 암기가 되어 있지 않으면 절대로 독해 문제를 해결할 수 없다. 학생들이 단어 암기를 언젠가는 하겠다고 막연하게 생각하는데 그 언젠가는 절대 오지 않는다. 수행평가나 내신 시험이 없는 방학기간이 골든타임이라는 생각으로 단어 암기부터 철저히 실천하려는 노력이 매우 중요하다. 올해 수능시험에 연계되는 《EBS 수능연계 기출 백신 보카 2200》은 필수 학습서다.

고1, 2학년 구분 없이 2등급 이상 학생들도 일단 기출문제를 풀어야 한다. 영어영역에서 고난도 유형에 속하는 빈칸 유형, 순서 찾기, 문장 삽입, 문법 유형 중 취약한 유형의 문제를 고1, 2, 3학년 기출문제를 활용해 취합하고, 선택적으로 공부하겠다는 계획은 국어영역과 동일하다. 취약한 유형에서 내가 이 문제만큼은 이번 달에 마무리하겠다고 생각하자. 선택적인 집중 유형 학습을 통해 매월 1문제 혹은 2문제씩을 반드시 맞힐 수 있다.

이처럼 등급에 맞는 공부를 계획하면, 고1, 2학년을 기준으로 연간 4번에 걸쳐 있는 모의고사를 치를 때마다 성적 향상의 결과물을 만들어 낼 수 있음을 명심하자.

선택과목, 이렇게 선택하라

🎯 탐구영역도 효과적인 준비가 가능하다

탐구영역 한 과목이 차지하는 비중은 국어, 영어, 수학에 비해 낮지만 정시 반영비율은 주요 과목과 비교해도 낮지 않다. 또한, 수시 전형에서 필요한 수능 최저 요건 충족이라는 측면에서도 탐구 과목은 중요한 변수가 된다. 따라서 시간 대비 효과적인 수능 학습 전략을 세우기 위해서는 탐구영역에 대한 준비가 철저해야 한다.

탐구영역의 경우 다른 과목에 비해 출제 범위가 넓지 않은 만큼, 만점을 목표로 해야 안정적인 1등급을 받을 수 있다. 이때

5장 • 올해 예상되는 문제 유형과 방향

고등학교에서 자신이 내신 시험을 준비해본 과목을 선택하는 것이 유리하다. 또는 그 외에 자신에게 유리한 과목을 고민하는 학생이라면 여러 과목의 기출문제를 풀어본 후 득점률이 높은 과목을 선택하는 것을 추천한다. 목표 대학에서 입시에 반영하는 과목을 우선 확인하는 노력도 필요하다.

6월 모의고사 이후 혹은 방학을 하는 시점이 되면 탐구영역에서 어떤 과목을 선택할지에 대한 학생들의 고민이 깊어진다. 이때 자신이 잘하는 과목을 선택할 수도 있지만 등급을 잘 받기 위해서는 특정 과목을 전략적으로 선택할 필요도 있다. 수능시험은 전체 응시 학생 중에서 내 위치를 평가하는 상대평가 방식이기 때문에 응시 인원이 많은 과목일수록 유리한 것이 사실이다. 특히 사회탐구영역에서 이러한 특징을 확인할 수 있다.

◉ 사회탐구는 응시 인원이 많은 과목을 선택하라

한국교육과정평가원 '2021학년도 대학수학능력시험 채점 결과' 보도 자료에서 확인한 사회탐구영역의 응시자 현황은 다음과 같다.

선택 순위	과목명	인원(명)	선택 순위	과목명	인원(명)
1	생활과 윤리	129,937	6	동아시아사	24,423
2	사회·문화	124,711	7	정치와 법	23,382
3	한국지리	44,832	8	세계사	19,055
4	세계지리	35,186	9	경제	5,076
5	윤리와 사상	29,063			

수능에서 대부분 두 과목을 응시하기 때문에 과목 연계가 비슷한 조합을 선택하는 것이 유리하다. 물론 고1, 고2 시기에 기본 실력을 탄탄히 다진 경우라면 모르겠지만, 그렇지 않은 학생이라면 '사회 · 문화'와 '한국지리'를 추천한다. 그 이유는 두 과목의 특성상 20문항 중 25%에 해당하는 4~5문제가 자료 분석 유형으로 출제되고 이 5문제는 접근 방식이 같기 때문이다. 다시 말해 사회 · 문화와 한국지리를 각각 공부해도 25%를 차지하는 5문제는 푸는 방식에 있어 큰 차이가 없다는 의미이다.

생활과 윤리, 윤리와 사상 과목은 교과목 개념에 대한 이해가 중요하다. 필수 개념을 명확히 이해해야 고난도 문제에 대응할 수 있다. 또한 〈보기〉 자료를 활용해 내용을 이해하고 선택지를 고르는 방식은 국어 및 영어영역과 접근 방식이 같다. 수능시험은 주어진 자료를 활용해 문제를 푸는 사고력을 평가하는 시험이라는 점을 이해하고 대비해야 고득점을 받을 수 있다.

🎯 과학탐구는 지원 대학,
정시 반영 비율에 주목하라

　자연계열의 경우 과학탐구영역에 대한 정시 반영 비율이 높다. 과목별 분량을 비교했을 때 과학 한 과목이 차지하는 비중은 수학의 4분의 1에 지나지 않는다. 하지만 반영하는 비율은 수학과 과학탐구영역이 비슷하다. 따라서 시간 대비 효과적인 학습 전략을 세울 때 과학탐구영역은 매우 중요해진다. 과학탐구영역의 경우 다른 과목에 비해 출제 범위가 좁은 만큼 만점을 목표로 해야 1등급을 받을 수 있다.

　한국교육과정평가원 '2021학년도 대학수학능력시험 채점·결과' 보도 자료에서 확인한 과학탐구영역의 응시자 현황은 다음과 같다.

선택 순위	과목명	인원(명)	선택 순위	과목명	인원(명)
1	생명 과학 I	117,487	5	생명 과학 II	6,583
2	지구 과학 I	116,729	6	지구 과학 II	4,056
3	화학 I	71,815	7	화학 II	2,984
4	물리 I	53,286	8	물리 II	2,796

EBS 연계교재와
6월 모의고사의 상관관계

수능시험을 출제하는 한국교육과정평가원에서 보도 자료를 통해 EBS 연계교재를 2022학년도 수능시험에 50% 연계한다고 발표했다. 그런데 이 '연계'의 의미를 파악하지 못한 채 단순히 문제풀이를 반복하는 경우가 많다.

중요한 점은 문제를 동일하게 출제하지 않는다는 것이다. EBS를 연계한다는 것은 똑같은 문제를 내겠다는 뜻이 아니라 교재에 나온 핵심 개념과 자료를 활용해 출제하겠다는 의미다. EBS 연계교재는 기출문제를 통해 익힌 핵심 개념을 적용하는 차원에서 그리고 다양한 자료를 확인하는 용도로 활용해야 한다. 따라서 기출문제 분석을 통해 익힌 기본 개념을 숙지하지 않은 채로 EBS 문제풀이를 단순 반복하는 방법은 효과적이지 못하다.

🎯 변형 교재는 독이 될 수 있으니 주의하라

한국교육과정평가원에서 밝힌 '수능-EBS 연계교재' 출제 방식은 이렇다.

2021학년도 수능 시행 세부 계획(한국교육과정평가원)에서 이미 발표한 바와 같이 EBS 수능 교재 및 강의와 연계하여 출제하였다. 연계율은 문항 수 기준으로 70% 수준이다. 연계 대상은 금년에 고등학교 3학년을 대상으로 발간된 교재 중 한국교육과정평가원이 감수한 교재 및 이를 이용하여 강의한 내용이다. 연계 방식은 영역/과목별 특성에 따라 중요 개념 및 원리를 활용하는 방법, 지문이나 자료, 문제 상황 등을 활용하는 방법, 문항을 변형하거나 재구성하는 방법 등이 사용되었다.

여기서 문항을 변형하거나 재구성하는 방법에 주목해야 한다. 수능시험을 출제하는 평가 방식과 주제는 이미 결정되어 있다. 이는 기출문제를 통해서 확인할 수 있는 부분이기에 먼저

기출문제를 통해 문제에 대한 접근 방식이나 개념을 숙지한 후 EBS 연계교재를 학습해야 한다.

해마다 7월이 되면 EBS 변형 교재가 시중에 판매되는데, 그 활용 여부에 있어서는 EBSi 공식사이트 게시판을 통해 발표된 자료를 기준으로 판단해야 한다.

EBS는 어떻게 학습의 방향성을 제시하고 있을까? EBSi 게시판의 '변형 교재 문항 수능 출제 배제, EBS 변형 교재 주의 안내'라는 글을 보자.

EBS 교과위원들이 변형 교재를 분석한 결과, 실제로 오개념을 심어주는 문항이 다수 발견되었다. 자칫 12년 동안 쌓아 온 실력이 한순간 물거품이 될 수도 있다. EBSi 측은 "명품을 두고 짝퉁에 꿈을 맡길 수는 없다"는 설명을 통해 기출문제 학습의 중요성을 강조하고 있다. 3등급 이하 수험생들에게 섣부른 변형문제 접근은 더욱 혼선을 불러올 수 있으므로 EBS 연계교재를 통해 개념을 명확하게 익히고, 수능 출제 원리를 파악하는 것이 상위권으로 도약하는 지름길이다.

위 내용에서 확인할 수 있듯, 변형 교재로 공부하는 것은 오히려 독이 될 수 있다. 가장 주목해야 할 부분은 EBS 변형 교재가 실제로 수능시험에 얼마나 연계되고 반영되는지에 관한 내용이다. 이 부분에 대한 해답은 다음과 같다.

변형 교재 문항은 수능 출제 배제 1순위, 수능 출제 원리를 무시한 기술적 변형 문제가 대부분을 차지한다. 변형 교재에 실린 문항이 실제 수능에 출제될 가능성은 없다. 수능 출제 원리에 맞지 않아 수능 문항으로서 자격을 상실했기 때문이다.

이렇듯 수능시험을 준비할 때 가장 중요한 핵심 교재는 한국교육과정평가원 및 교육청에서 출제한 기출문제와 EBS 연계교재임을 다시 한 번 확인할 수 있다.

EBS-수능 '연계내역 심층분석' 자료를 활용하라

다음 도표는 수능시험 출제 기관인 한국교육과정평가원, '2022학년도 대학수학능력시험 6월 모의평가 출제방향' 보도자료와 EBSi에서 공개한 2022학년도 6월 모의평가 '연계내역 심층분석' 자료를 재구성한 자료이다. EBS 수능특강과 6월 모의평가의 상관관계를 확인할 수 있는 내용으로 EBS 연계교재의 학습 방향 설정에 참고할 수 있다.

문항 번호	정답률 %	연계유형	EBS 교재 연계 내용		
			교재명	쪽수	문항번호 (내용요소)
1					
2	95%	개념 원리 활용	EBS 수능특강 수학 II	82	1번
3	96%	문항의 축소, 확대, 변형	EBS 수능특강 수학 I	39	유제3
4	97%	자료 상황의 활용	EBS 수능특강 수학 II	5	유제2
5					
6	85%	개념 원리 활용	EBS 수능특강 수학 II	98	1번
7	90%	개념 원리 활용	EBS 수능특강 수학 I	80	5번
8	95%	문항의 축소, 확대, 변형	EBS 수능특강 수학 II	21	예제2
9	94%	문항의 축소, 확대, 변형	EBS 수능특강 수학 I	99	10번
10					
11					
12	68%	문항의 축소, 확대, 변형	EBS 수능특강 수학 I	57	예제2
13					
14					
15					
16	82%	개념 원리 활용	EBS 수능특강 수학 I	8	개념 설명
17	62%	문항의 축소, 확대, 변형	EBS 수능특강 수학 II	54	4번
18	63%	문항의 축소, 확대, 변형	EBS 수능특강 수학 I	79	7번
19	56%	문항의 축소, 확대, 변형	EBS 수능특강 수학 II	99	8번
20					
21					
22					

확률과 통계

문항 번호	정답률 %	연계 유형	EBS 교재 연계 내용		
			교재명	쪽수	문항 번호 (내용 요소)
23					
24					
25	77%	개념 원리 활용	EBS 수능특강 확률과 통계	10	4
26					
27					
28	54%	개념 원리 활용	EBS 수능특강 확률과 통계	51	예제4
29	27%	문항의 축소, 확대, 변형	EBS 수능특강 확률과 통계	10	2
30					

미적분

문항 번호	정답률 %	연계 유형	EBS 교재 연계 내용		
			교재명	쪽수	문항 번호 (내용 요소)
23					
24	86%	문항의 축소, 확대, 변형	EBS 수능특강 미적분	49	예제3
25	71%	개념 원리 활용	EBS 수능특강 미적분	59	예제1
26					
27	63%	문항의 축소, 확대, 변형	EBS 수능특강 미적분	67	유제9
28					
29					
30					

기하

문항 번호	정답률 %	연계 유형	EBS 교재 연계 내용		
			교재명	쪽수	문항 번호 (내용 요소)
23					
24	81%	문항의 축소, 확대, 변형	EBS 수능특강 기하	22	2
25	76%	개념 원리 활용	EBS 수능특강 기하	63	유제10
26					
27	53%	문항의 축소, 확대, 변형	EBS 수능특강 기하	36	1
28					
29					
30					

[예시 문항] 2022학년도 수능 6월 모의평가 수학 (공통과목) 12번

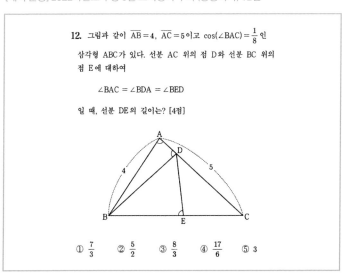

그림과 같이 $\overline{AB}=4$, $\overline{AC}=5$이고 $\cos A=\dfrac{1}{8}$인 삼각형 ABC가 있다. ∠BAC의 이등분선이 선분 BC와 만나는 점을 D라 할 때, 선분 AD의 길이는?

① 3   ② $\dfrac{19}{6}$ ③ $\dfrac{10}{3}$

④ $\dfrac{7}{2}$ ⑤ $\dfrac{11}{3}$

27. 그림과 같이 쌍곡선 $\dfrac{x^2}{a^2}-\dfrac{y^2}{b^2}=1$ 위의 점 $P(4,\,k)\,(k>0)$ 에서의 접선이 x축과 만나는 점을 Q, y축과 만나는 점을 R라 하자. 점 $S(4,\,0)$에 대하여 삼각형 QOR의 넓이를 A_1, 삼각형 PRS의 넓이를 A_2라 하자. $A_1:A_2=9:4$일 때, 이 쌍곡선의 주축의 길이는? (단, O는 원점이고, a와 b는 상수이다.) [3점]

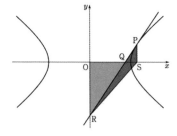

① $2\sqrt{10}$ ② $2\sqrt{11}$ ③ $4\sqrt{3}$ ④ $2\sqrt{13}$ ⑤ $2\sqrt{14}$

[21012-0049]

1 그림과 같이 쌍곡선 $\dfrac{x^2}{a^2} - \dfrac{y^2}{b^2} = 1$ 위의 제1사분면에 있는 x좌표가 4인 점 P에서의 접선이 x축과 만나는 점을 Q, y축과 만나는 점을 R라 할 때, 삼각형 POQ의 넓이를 S_1, 삼각형 QOR의 넓이를 S_2라 하자. $S_1 : S_2 = 1 : 3$일 때, 이 쌍곡선의 주축의 길이는? (단, O는 원점이고, a, b는 상수이다.)

① 6   ② $2\sqrt{10}$ ③ $2\sqrt{11}$
④ $4\sqrt{3}$ ⑤ $2\sqrt{13}$

마지막으로《2022학년도 대학수학능력시험 Q&A 자료집》 출제 제재 내용 중 '수능-EBS 연계'는 무엇이며, 어떻게 적용되나요? 부분을 확인하겠다.

○ '수능-EBS 연계'란 수험생이 EBS 수능 교재 및 강의 내용을 충실히 이해하면 수능에 직접적인 도움을 받을 수 있도록 EBS 수능 교재 및 강의를 활용하여 수능 문항을 출제하는 것을 의미합니다.

○ 연계 대상은 당해 연도 고등학교 3학년 대상 EBS 수능 교재 중 한국교육과정평가원이 감수한 교재와 이를 이용하여 강의한 내용입니다. 실제 수능 강의는 EBS 교재의 내용을 설명하는 것으로 EBS 교재와 별개가 아닙니다.

○ EBS 연계 50%의 의미는 문항 수 기준으로 50%가 EBS 교재나 강의에서 본 친숙한 지문이나 자료, 개념이나 원리, 문항 등을 활용하여 출제된다는 것이며, 나머지 50%의 문항은 EBS 교재 밖에서 지문이

나 자료 등을 활용하지만 EBS 교재를 충실히 이해하면 맞힐 수 있도록 출제됩니다.

○ EBS 교재의 문항과 동일한 문항은 출제되지 않습니다.

○ 수능-EBS 연계 방식은 다음과 같은 연계 유형 중 하나로 연계합니다. 영역별 특성에 따라 연계 유형을 적절하게 활용합니다.

- '개념 · 원리 활용 유형'으로 EBS 교재에서 중요하게 다루고 있는 개념 및 원리를 활용하여 해결할 수 있는 문항이 출제됩니다.

- '지문·자료 활용 유형'으로 동일한 지문 또는 자료를 활용하여 새로운 문항을 구성합니다.

- '핵심 제재나 논지 활용 유형'으로 글의 제재나 논지가 유사한 지문을 활용하되 EBS 교재의 내용을 기반으로 수능 지문을 해결할 수 있도록 문항이 출제됩니다.

- '문항 변형 또는 재구성 유형'으로 EBS 교재 수록 지문을 재구성하거나 보완하여 문항이 출제됩니다. EBS 지문 확대, 서로 다른 지문 결합, 지문 내용 수정 등을 통해 문항 유형을 변형하고 재구성하는 것입니다.

- 단순 개념을 묻는 문항들을 융합 또는 재구성하여 출제하되 종합적인 사고력이 있다면 해결할 수 있는 문항이 출제됩니다.

2022학년도 수능 – EBS 연계 대상 교재 목록

영역	연계 대상 교재
국어	1. 〈수능특강〉 (공통) 독서, 문학 (선택) 화법과 작문, 언어와 매체 2. 〈수능완성〉 독서·문학·화법과 작문/독서·문학·언어와 매체
수학	1. 〈수능특강〉 (공통) 수학 I, 수학 II (선택) 확률과 통계, 미적분, 기하 2. 〈수능완성〉 수학 I·수학 II·확률과 통계/수학 I·수학 II·미적분/수학 I·수학 II·기하
영어	1. 〈수능특강〉 영어 2. 〈수능특강〉 영어듣기 3. 〈수능특강〉 영어독해연습 4. 〈수능완성〉 영어
한국사	1. 〈수능특강〉 한국사
사회·과학탐구	1. 〈수능특강〉 17개 선택과목 2. 〈수능완성〉 17개 선택과목 ※ 17개 선택과목: 생활과 윤리, 윤리와 사상, 한국지리, 세계지리, 동아시아사, 세계사, 경제, 정치와 법, 사회·문화, 물리학 I, 화학 I, 생명과학 I, 지구과학 I, 물리학 II, 화학 II, 생명과학 II, 지구과학 II
직업탐구	1. 〈수능특강〉 6개 선택과목 2. 〈수능완성〉 6개 선택과목 ※ 6개 선택과목: 성공적인 직업생활, 농업 기초 기술, 공업 일반, 상업 경제, 수산·해운 산업 기초, 인간 발달
제2외국어/한문	1. 〈수능특강〉 9개 선택과목 2. 〈수능완성〉 9개 선택과목 ※ 9개 선택과목: 독일어 I, 프랑스어 I, 스페인어 I, 중국어 I, 일본어 I, 러시아어 I, 아랍어 I, 베트남어 I, 한문 I

수능을 알고 나를 알면
절대 위태롭지 않다

올해로 20년째 수능 강의를 하다 보니 수험생 및 학부모 여러분과 상담할 기회가 많았다. 그 중 가장 많이 받는 질문은 다음과 같다.

"수능시험을 10번이나 응시하셨다면서요?"

"부모님은 그 오랜 시간을 어떻게 기다려 주셨나요?"

"단기간에도 성적 향상을 이뤄낼 수 있나요?"

성적은 수험생의 노력뿐만 아니라 수험생 학부모의 무조건적인 격려와 응원이 있을 때 극적으로 향상된다. 시험에 대한 압박으로 잠을 이루지 못하는 학생들 못지않게 부모님 역시 불안과 걱정을 안고 고3이라는 시기를 견딘다.

돌이켜보면 고등학교 3년 동안 천체관측 동아리 활동에 푹 빠져 있었을 때도 부모님께서는 한 번도 나에게 공부하라는 말씀을 하지 않으셨다. 오히려 기왕 할 거 열정적으로 하라고 진심으로 응원해주셨다. 언제나 나를 믿어주시고 응원해주시는 부모님이 계셨기에 힘들고 지루했던 재수생활 동안 내적 동기를 잃지 않을 수 있었다.

수능시험은 우리 인생에서 매우 중요한 요소가 된다. 다양한 진로와 진학할 대학을 선택하는 갈림길에서 절대적인 기준이 되기 때문이다. 이렇게 중요한 수능시험 성적을 단기간 만에 향상시킬 수 있는 이유는 무엇일까? 첫째, 시험 범위가 정해져 있기 때문이고, 둘째, 2022학년도 수능시험 예시 문항을 비롯해 6월과 9월 모의평가를 바탕으로 올해 수능시험이 출제되기 때문이다.

성웅 이순신 장군의 핵심 전략은 '지피지기 백전불태知彼知己 百戰不殆'다. 상대를 알고 나를 알면 백 번 싸워도 위태롭지 않다는 이 말은 수능에도 그대로 적용된다. 즉 수능을 알고 나를 알면 수능을 백 번 치러도 위태롭지 않게 된다. 기출문제 풀이 학습을 바탕으로 분석한 반드시 출제되면서 현재 내가 취약한 부분, 그중에서도 난도가 쉬운 문제부터 공략하는 것이 성적 향상의 비법이다. 과거에 출제되었던 기출문제 범위 밖에서 출제되는 새로운 문제란 존재하지 않는다. 그러므로 앞으로 남은 기간을 잘 활용하면 누구라도 성적 향상이라는 결과물을 만들어 낼 수 있다.

노력에 시간이 더해지면 결과는 자연스럽게 따라온다. 시간의 힘을 믿어야 한다. 승리의 관건은 '나는 오늘 나의 노력을 다하였는가?' 그리고 '남은 수험 기간 그 노력을 꾸준히 지속했는가'에 달려있음을 명심하자.

2022 수능만점 이순신

1판 1쇄 발행 2021년 8월 30일

지은이 | 오대교
펴낸이 | 이동국
펴낸곳 | (주)아이콤마
디자인 | 기민주

출판등록 | 2020년 6월 2일 제2020-000104호
주소 | 서울특별시 서초구 사평대로 140, 비1 102호(반포동, 코웰빌딩)
이메일 | i-comma@naver.com
블로그 | https://blog.naver.com/i-comma
인스타그램 | https://www.instagram.com/icomma7

ISBN 979-11-970768-2-4 13370

ⓒ 오대교, 2021

(주)아이콤마는 독자 여러분의 소중한 원고를 기다리고 있습니다.
원고가 있으신 분은 i-comma@naver.com으로 간단한 집필 의도, 목차, 샘플 원고, 연락처를 보
내주세요.
아직 원고는 없지만 집필할 계획이나 아이디어가 있으신 분도 부담 없이 문을 두드려 주세요.
기획에서 출간까지 함께 고민하고 도와드리겠습니다. 망설이지 마세요.
세상에 가치를 더하는 책, 최고의 양서로 독자 여러분과 만나고 싶습니다.